Joachim Grzega ♦ Bea Klüsener

LdL

für Pepe, Pfeiffer und die Pauker

Unterrichtstipps
nach **30** Jahren
bewährtem, verlässlichem, kreativem und effektivem
Lernen durch Lehren

ASEcoLi Publications by the Academy for SocioEconomic Linguistics 6

Inhaltsverzeichnis

Prolog: Warum dieses Buch

Das Leben bietet doch immer wieder schöne Anlässe zum Feiern: LdL hat einen runden Geburtstag. Trotz seiner jugendlichen Erscheinung hat es tatsächlich sein 30. Lebensjahr vollendet. Dies war uns Anlass, über ein geeignetes Geschenk für LdL nachzudenken. Das Ergebnis halten Sie in den Händen.

Wie zu solchen Anlässen üblich, werfen wir einen Blick in die persönliche Vita des Geburtstagskindes und zeigen weiterhin auf, wie es unsere, aber auch die Lebenswege anderer Lernender und Lehrender geprägt hat. Wir werden das soziale Engagement unseres Jubilars herausstellen, über seine Arbeitspraktiken reflektieren und seine Bedeutsamkeit und Wandelbarkeit in 30 Jahren Berufsleben herauszustellen versuchen.

In den letzten Jahren gab es auch immer wieder Nachfragen nach einem solchen Buch. Es wendet sich an Lehrkräfte in Schulen, Hochschulen, Volkshochschulen und betriebsinternen Fortbildungen, an Lernende in Schulen, Hochschulen, Volkshochschulen und betriebsinternen Fortbildungen, an Selbstlerner, an Schülereltern und nicht zuletzt an alle am Lernen und an Bildung interessierten Personen. Lesen Sie in jedem Falle zuerst das Kapitel "Packungsbeilage", alles andere kann in selbstgewählter Reihenfolge gelesen werden. Wichtige Aspekte, die manchmal missverstanden werden, werden an verschiedenen Stellen wiederholt.

Feiern Sie also mit uns, blicken Sie mit uns zurück auf 30 Jahre LdL, entdecken Sie die Gegenwart dieses Konzepts und gestalten Sie eine gemeinsame Zukunft mit unserem Geburtstagskind. In diesem Sinne: Happy Birthday, LdL!

Frohe Lektüre, liebe Lesende!

Eichstätt, im Spätsommer 2012 J.G. & B.K.

Lebensstationen von LdL

oder

Eine kleine LdL-Chronik

1980 LdL-Schwangerschaft: Angeregt durch ein Buch von Ludger Schiffler unternimmt Jean-Pol Martin am Willibald-Gymnasium in Eichstätt erste Versuche, in denen er Schüler Mitschülern Unterrichtsstoff im Fach Französisch vermitteln lässt; bald systematisiert er diese Technik.

1982 LdL-Geburt: Es erscheint Martins erste Publikation, in der er LdL beschreibt und über seine einschlägigen Unterrichtserfahrungen berichtet (Aufsatztitel: "Bedingungen für einen sozialintegrativen Fremdsprachenunterricht").

1983 Das Institut für Film und Bild in Wissenschaft und Unterricht (FWU) dreht einen Film über LdL (Titel: *Aktive Schüler lernen besser*).

1984 Die Sendung *Aus Forschung und Lehre* des Bayerischen Fernsehens berichtet über LdL.

1985 Jean-Pol Martins Dissertation mit empirischen LdL-Befunden im Sinne der Aktionsforschung wird in der Reihe *Gießener Beiträge zur Fremdsprachendidaktik* veröffentlicht (Titel: *Zum Aufbau didaktischer Teilkompetenzen beim Schüler: Fremdsprachenunterricht auf der lerntheoretischen Basis des Informationsverarbeitungsansatzes*).

Es entsteht die erste Arbeit einer Studienreferendarin zu LdL, und zwar zum gymnasialen Anfangsunterricht Französisch.

1985-1988 Jean-Pol Martin legt in drei *Didaktische Briefe* genannten Schriften seine theoretischen Grundlagen für LdL dar. Die Personen in den Leitungsfunktionen und in der Verwaltung der Universität Eichstätt-Ingolstadt beginnen das LdL-Projekt aktiv zu unterstützen.

1987 Jean-Pol Martin gründet das Kontaktnetz mit Bildung der LdL-Kerngruppe, einer Gruppe aus Lehrkräften, die in den darauf folgenden Jahren versucht, LdL in ganz Deutschland und darüber hinaus zu verbreiten

1988 Es entstehen erste Referendarsarbeiten außerhalb des Gymnasialbereichs.

1992 Es entstehen erste Referendarsarbeiten außerhalb des Fremdsprachenbereichs.

1993 Jody Daniel Skinner berichtet als erster über LdL-Versuche außerhalb Deutschlands (nämlich seine eigenen im US-amerikanischen Annapolis).

1994 Roland Graef und Rolf-Dieter Preller geben einen Sammelband *Lernen durch Lehren* heraus, in dem die Mitglieder der LdL-Kerngruppe von ihren Erfahrungen berichten.

Jean-Pol Martins zweite große akademische Schrift, die Habilitationsschrift, wird in der Reihe *Gießener Beiträge zur Fremdsprachendidaktik* veröffentlicht (Titel: *Vorschlag eines anthropologisch begründeten Curriculums für den Fremdsprachenunterricht*); darin werden auch die Ergebnisse einer empirischen Studie unter LdL-Lehrkräften dargelegt.

1995 Das Kontaktnetz, das mehrmals im Jahr von Jean-Pol Martin mit Kontaktbriefen beliefert wird, ist auf 500 Personen auch über die Grenzen Deutschlands hinaus angewachsen.

1996 LdL geht online: www.ldl.de. eMails werden als Medium für das Kontaktnetz eingesetzt.

1998 Joachim Grzega führt LdL in Hochschulveranstaltungen außerhalb des didaktischen und sprachpraktischen Bereichs ein.

2000 Jean-Pol Martin richtet auf der ZUM-Plattform (Zentrale für Unterrichtsmedien) ein LdL-Diskussionsforum ein. Bis zum Jahr 2010, in dem die ZUM-Diskussionsforen eingestellt werden, entstehen rund 150 Themenbretter zu LdL.

2004 Reinhard Kahl widmet LdL eine Sequenz in seinem preisgekrönten Dokumentarfilm *Treibhäuser der Zukunft*.

Unter Koordination von Jean-Pol Martin und Joachim Grzega organisieren StudentInnen und SchülerInnen das Eichstätter Bildungsfest zu LdL und innovativen Methoden.

2005 *Der SPIEGEL* berichtet in seiner Ausgabe 8/2002 über Jean-Pol Martin und LdL.

LdL wird in mehrere Projekte des bayerischen Modellversuchs MODUS21 (MODell Unternehmen Schule im 21. Jahrhundert) eingebunden.

Der Wikipedia-Artikel zu "Lernen durch Lehren" wird begonnen.

2006 Guido Oebel organisiert die erste LdL-Tagung außerhalb Deutschlands, nämlich im japanischen Kurume (der entsprechende Tagungsband erscheint 3 Jahre später).

Die Effektivität von LdL wird in gehirnphysiologischen Studien (unter Leitung von Gertraud Teuchert-Noodt) untermauert.

2007 25 Jahre LdL: Unter Koordination von Jean-Pol Martin, Joachim Grzega und Marion Schöner gestalten StudentInnen und SchülerInnen am 07.07.07 einen LdL-Tag zum Thema "Geschwindigkeit und Vernetzung: Lernen und Lehren im neuen Paradigma".

2008 Eine empirische Studie von Joachim Grzega und Marion Schöner zur Effektivität und Effizienz von LdL im Hochschulbereich wird in der international renommierten Zeitschrift *Journal of Education for Teaching* veröffentlicht.

SAT1 sendet einen Beitrag zu Jean-Pol Martin und LdL.

Jean-Pol Martin wird mit einem großen Fest in den (Un-)Ruhestand verabschiedet. Joachim Grzega übernimmt die Koordination des LdL-Projektes.

Der LdL-Internet-Newsletter hat rund 1.000 Abonnenten.

2009 Christian Spannagel, Lutz Berger und Studierende organisieren an der PH Ludwigsburg einen LdL-Tag (der Tagungsband erscheint 2 Jahre später).

Eine kleine Studie von Joachim Grzega, in der die Wirkungsweise von LdL im Vergleich zu einem schüleraktivierenden lehrergeleiteten Unterricht empirisch untersucht wird, wird in der Zeitschrift *Lernende Schule* veröffentlicht.

Die Zeitschrift *GEO Wissen* veröffentlicht in ihrer November-Ausgabe ein Porträt von Jean-Pol Martin.

2011 Eine empirische Studie von Joachim Grzega und Bea Klüsener zur Effektivität und Effizienz mit Blick auf verschiedene Zielkompetenzen von LdL im Hochschulbereich wird in der international renommierten Zeitschrift *Fachsprache* veröffentlicht.

Die Alexander-von-Humboldt-Schule Goldkronach wird von der bayerischen Europaministerin unter anderem für die erfolgreiche Anwendung von Joachim Grzegas LdL-basiertem Konzept *Basic Global English* mit der Europaurkunde geehrt.

Da die LdL-Webseiten an der Universität Eichstätt-Ingolstadt abgeschaltet werden sollen, werden sie nun unter der Ägide von Joachim Grzegas *Academy for SocioEconomic Linguistics (ASEcoLi)* weitergeführt.

2012 LdL wird im Europäischen Haus Pappenheim (EHP) auf Bereiche des Selbstlernens ausgedehnt.

Die Packungsbeilage zu LdL
oder
Lernen durch Lehren im Überblick

Was ist LdL?

Dass Lerner andere Lerner unterrichten, findet sich in der Form "Ältere unterrichten Jüngere" schon in der Antike und verstärkt wieder in den 1970er Jahren in den USA; doch Jean-Pol Martin war der erste, der die Idee von einer Wissensvermittlung durch Schüler – auch unter dem Einfluss reformpädagogischer Erkenntnisse – so betrieb, dass diese in jedem institutionellen Rahmen möglich war. LdL (Lernen durch Lehren) ist ein Konzept, das zunächst als Technik für den gymnasialen Fremdsprachenunterricht entwickelt worden ist (mit einem ersten Bericht im Jahre 1982). Martin hatte sich nämlich mit einem Dilemma konfrontiert gesehen, welches durch die kommunikative Wende entstanden war. Durch diese war zwar erkannt worden, dass der Sprechanteil der Lerner hauptsächlich dadurch stieg, wenn sie selbst über ihr tatsächliches Leben sprechen konnten[1]; doch geriet dadurch nun die Beherrschung der Grammatik ein Stück weit ins Hintertreffen. Die durch "JPM" vorgeschlagene Lösung bestand darin, dass die Schüler sich den Grammatikstoff (und den übrigen Lehrstoff) selbst beibringen könnten. So würden grammatikalische und kommunikative Kompetenz in all ihrer Vielfalt, "hard skills" wie "soft skills", gleichermaßen trainiert. Daher ließ Martin die Schüler in der Fremdsprache über die Fremdsprache reden.

Im Laufe der Zeit hat sich LdL von einer Technik zu einem didaktischen Modell entwickelt, einem pädagogisch-didaktischen Gesamtkonzept, einer Art Meta-Methode – einsetzbar in den verschiedensten Fächern, Niveaus, Altersstufen und Kulturen. Für das Gesamtkonzept bzw. die Meta-Methode, ist – zur Abgrenzung von der reinen Technik – auch

---

1 Vgl. dazu Piepho (1974).

der Ausdruck *Meta-LdL* vorgeschlagen worden. Das Modell LdL lässt sich in nur drei kleinen Hauptabschnitten erklären (Ziele, Wege und Weggefährten, Transportmittel); Schlüsselbegriffe sind dabei fett gedruckt[2].

Mit dem Konzept LdL werden zwei Haupt-Ziele verfolgt:

(A) Lerner sollen über **Fachwissen** verfügen.
(B) Lerner sollen über allgemeine, gesellschaftliche **Schlüsselkompetenzen** verfügen.

Mit anderen Worten: Eine LdL-Lehrkraft fühlt sich mehr als nur der Vermittlung fachspezifischen Wissens verpflichtet. Denn Fachwissen lässt sich untergliedern in

(A1) reines **Faktenwissen** (man spricht auch vom deklarativen Wissen) und
(A2) **Handlungswissen** (man spricht auch vom prozeduralen Wissen).

Befasst man sich mit unterschiedlichen Abhandlungen der Gesellschaftsforschung (z.B. Dörner 1983, Franck 1998, Davis/Meyer 1998, Malik 2000, Bleicher/Berthel 2001, Harrison/Huntington 2002, Rifkin 2004, Fuld 2004, Händeler 2005, Spiegel 2005 & 2007, Faltin 2008, Goeudevert 2008, Hüther 2011 sowie die Beiträge von Martin 1994, 1998a, 1998b, 1999, 2002a, 2002b, 2005, 2006), so lassen sich die allgemeinen Schlüsselkompetenzen auf folgende 5 zusammenfassen:

(B1) die **Fragekompetenz**:
Um in ein Thema oder Fachgebiet eintauchen zu können, um seine Facetten und die Wirkungsweise von Dingen gut erfassen zu können, muss man Fragen stellen können. Viele Lerner haben jedoch den Eindruck, das Fragestellen im Unterricht sei uncool oder unerwünscht.
(B2) eine **Unschärfekompetenz**:
Da permanent Dinge geschehen können, die wir nicht geplant haben, müssen wir gelernt haben, Unbestimmtheiten bzw. Un-

2 Ein alphabetisch gegliedertes Glossar der zentralen LdL-Begriffe nach Martin hat Michael Kratky (2007) zusammengestellt.

schärfe aushalten zu können. Auch wenn Unvorhergesehenes eintritt, müssen bestimmte Aufgaben erledigt werden, notfalls in improvisierter Weise und ohne große Nervosität.

(B3) eine **kreative Vernetzungskompetenz**:
Darunter fallen zwei Aspekte:

(B3a) die Vernetzung **von Informationen**: Man muss Informationsquellen für eine bestimmte Fragestellung auffinden, deren Qualität bewerten und sie effektiv und kreativ vernetzen und hierarchisieren können;

(B3b) die Vernetzung **von Menschen**: da Menschen eine wichtige Wissensquelle sind, muss man gelernt haben, Menschen effektiv und kreativ miteinander zu verbinden

(B4) eine **attraktive Kommunikationskompetenz**:
Damit Menschen einem überhaupt zuhören, schließt Kommunikationskompetenz darüber hinaus mit ein, dass man erst einmal Spannung erzeugen und die Aufmerksamkeit auf sich lenken kann. Sodann beinhaltet Kommunikationskompetenz in einer globalisierten Welt zwei Aspekte:

(B4a) die **horizontale** Kommunikationskompetenz: Man muss sich über Sprach- und Kulturgrenzen hinweg mit Gleichgesinnten austauschen können, und zwar mit Einfühlungsvermögen, Toleranz und dem Willen zur Zusammenarbeit; dabei kommt dem Englischen als globaler Verkehrssprache eine besondere Rolle zu;

(B4b) die **vertikale** Kommunikationskompetenz: In einer Gesellschaft, die immer mehr Wissen anhäuft und in der Expertentum immer mehr gefragt ist, muss ein Experte sein Wissen auch so veranschaulichen können, dass es Nicht-Experten verstehen.

(B5) eine **breite Allgemeinbildung**:
Gute Generalisten fällt es leichter, sich bei Bedarf schnell in unterschiedliche Gebiete einzuarbeiten und zu zeitweiligen Spezialisten zu werden.

Nachdem die allgemeinen Lern-Ziele geklärt sind, sollten wir nach der Beschaffenheit der Wege und den Eigenschaften der Weggefährten fragen. Die Fülle der Informationen aus der Lehr- und Lernforschung, der Erziehungs- und Unterrichtsforschung, der Humanistischen Psychologie, der Kommunikationsforschung, der Anthropologie und der Forschung zu (Führungs-)Management (vgl. etwa Frankl 1946, Maslow 1954, Vester 1978, Schulz von Thun 1981-1998, Watzlawick 1983, Glasersfeld 1987, Csikszentmihalyi 1990, Stock u.a. 1998, Sprenger 1999, Ryan/Deci 2000, Malik 2000, Reinmann-Rothmeier/Mandl 2000, Perkins 2001, Huber/Konrad/Wahl 2001, Spitzer 2002, Mathews/Wacker 2002, Teuchert-Noodt 2003, Hunfeld 2004, Coffield et al 2004, Meyer 2004, Spiegel 2005 & 2007, Solity 2008, Gladwell 2009, Goeudevert 2008, Solity 2008, Coyle 2009, Syed 2010, Maturana/Varela 2010, Faltin/Faltin 2011, Hüther 2011, Rasfeld/Spiegel 2012 sowie die Beiträge von Martin 1985, 1986, 1988, 1994) könnte man in einer kleinen Zahl von Prinzipien zusammenfassen.

- Das erste und wichtigste Prinzip lautet: **Mit dem Lernstoff aktiv umgehen**. Nicht umsonst hängen in vielen Sprachen Ausdrücke für 'verstehen, erfassen' mit Wörtern zusammen, die ursprünglich mit 'begreifen, anfassen' zu tun haben (z.B. dt. *begreifen*, engl. *grasp*, frz. *saisir*): Wenn man sich aktiv mit einem Stoff auseinandersetzen muss, dann kann man ihn auch besser begreifen. Und diese Chance zum "Begreifen" ist nicht nur einmal, sondern beständig zu geben. Denn: Übung macht den Meister. Beständiges Üben ermöglicht, aus explizitem Wissen (Kennen) implizites Wissen (Können) zu machen.
- Zweitens sollte **Neues mit Vertrautem vermittelt** werden. Die Bedeutung und Wirkungsweise einer Sache klärt sich nicht nur, wenn an Vorwissen angeknüpft, sondern wenn auch sprachlich an Bekanntes angeknüpft wird, wenn beispielsweise bildhafte Vergleiche gezogen werden, die aus dem Leben der Lerner gegriffen sind. Vertraut kann auch eine Emotion sein.
- Das dritte Prinzip ist, dass das Lernen eines bestimmten Stoffes als sinnvoll und nützlich empfunden wird. Lernen muss die **Erfüllung eines Bedürfnisses** sein. Es sollten also auch Anbindungen an das Leben (der einzelnen Lerner) eingebaut werden. Dabei sollte man sich vergegenwärtigen, dass der Mensch als antinomisch strukturiert betrachtet werden kann, d.h. als ein Wesen, das sich stets zwischen polaren Gegensätzen bewegt: Chaos–Ordnung, Emotion–Kognition, Individualität–Gemeinschaft, Klarheit–Unklarheit, Einfachheit–Komplexität, Differen-

zierung–Integration, um einige der Gegensätze zu nennen, die Martin in sein Menschenbild[3] aufgenommen hat. Das Finden des richtigen Mittelmaßes bedeutet, sein Leben zufriedenstellend kontrollieren zu können, also **Kontrollkompetenz** zu erwerben.

- Dazu gehört auch das Prinzip, dass **die Lerner an der Auswahl des Stoffes und der Stoffvermittlung beteiligt** werden (das heißt nicht, dass die Stoffauswahl komplett an die Lerner abgetreten wird, da diese zumindest zu Beginn ja die Palette des Fachgebietes noch gar nicht überblicken können).
- Schließlich scheint Lernen auch dann besonders gut zu funktionieren, wenn es **Lernen in Gemeinschaft** mit einschließt. Dabei bedeutet gemeinschaftliches Lernen nicht, dass die Lerner einfach in einem gemeinsamen Raum gesteckt werden; sie sollen ein Themengebiet tatsächlich gemeinsam, im Team, "beackern".

Wie schon bei Pestalozzi geht es also um "Kopf, Herz und Hand", also um Einsicht, Begeisterung und Tun. Auf dieser Grundlage erklärt sich nun das LdL-Transportmittel – ein Transportmittel, das bei Wind und Wetter, soll heißen: bei allen möglichen schulorganisatorischen und schuladministrativen Rahmenbedingungen, einsatzfähig ist. Dabei sind zu berücksichtigen: die Lerner-Gruppe, die Lerner-Experten, die Lehrkraft und der Lernstoff.

- Die **Lerner-Gruppe** muss viele Möglichkeiten bekommen, zu partizipieren und sich aktiv mit dem Lernstoff auseinanderzusetzen, ihn zu "**be-greifen**". Dabei gilt das Prinzip der **Linearität a posteriori**, d.h. dass der Lernstoff nicht von vornherein strukturiert präsentiert wird, sondern die Lernergruppe selbst soll **Komplexität reduzieren** und den Lernstoff für sich strukturieren müssen. Mit LdL verabschiedet man sich nämlich auch von der lebensfernen Linearität a priori des Frontalunterrichts; LdL stürzt Schüler zunächst in lebensnahe Unsicherheit (die durch das Internet noch verstärkt worden ist), sie müssen Unbestimmtheiten aushalten und lernen, Ungeordnetes und Komplexes erst

[3] Erstmals in Martin (1988), ausführlicher in Martin (1994).

allmählich allein, im Team, mit der Klasse oder mit dem Supervisor/Lehrer a posteriori linear zu machen und somit immer mehr und immer größere kognitive Landkarten zu entwickeln. Es soll in kommunikativer Sitzordnung zu einer **kollektiven Konstruktion von Wissen** kommen. Die Lerner sollen beständig – und zwar nicht im Selbstgespräch und nicht im Zwiegespräch, sondern in viele Gruppenmitglieder einbeziehenden Gesprächen (**Polylogen**) – Lösungsmöglichkeiten erstellen und diskutieren, damit es zu einer Emergenz von Wissen kommt (Martin vergleicht die Klasse mit einem Gehirn, bei dem die Beteiligten die Neuronen darstellen sollen). Eine Aufgabe wird daher zuerst im Tandem, also zu zweit, oder in einer Kleingruppe bearbeitet, und im Anschluss werden die Lösungen vorgetragen, begründet und diskutiert. Die Diskussion verschiedener Lösungsansätze im Plenum wird durch ein Schülerteam, die Lerner-Experten, geleitet. Ist die Klasse deutlich heterogen, bietet es sich an, vor die Partnerarbeit eine Phase zu schalten, in der jeder zunächst für sich (und nach seinem Tempo) nach Lösungswegen sucht. Je heterogener eine Gruppe ist, desto eher muss man entweder eine Bandbreite an Lernwegen anbieten oder eben genau die geringe Schnittmenge an Lernwegen finden, die alle Lerner anspricht. Wissenskonstruktion darf dabei durchaus im Sinne des Konstruktivismus verstanden werden, also dass Wissens-, Terminologie- und Theoriebildung Wirklichkeit schafft und es letztlich keine objektive Wirklichkeit und Wahrheit gibt. Auch jüngere Lerner nehmen im Idealfall eine kritisch-teilnehmende Grundhaltung im Lernkontext und im Leben ein.

- Jeder Lerner muss im Rahmen des Unterrichts zum Experten eines bestimmten Themas werden, das den anderen so zu vermitteln ist, dass sie den Stoff begreifen. Es sollen "Aha!-Erlebnisse" ermöglicht werden. Die **Lerner-Experten**, die mit der Leitung einer Unterrichtseinheit betraut werden, müssen danach streben, spannend und schüleraktivierend zu unterrichten – das Emotionale und das Kognitive ansprechen. Man soll sich an die Stunde erinnern; es soll ein "Oh!-Erlebnis" sein (Stichwort "**Aufmerksamkeitsökonomie**"). Sie müssen sich zu den einzelnen zu vermittelnden Inhalten eine geeignete Methode überlegen (Partnerarbeit, Gruppenarbeit, Diskussion, Frontalunterricht u.Ä.), aber der Anteil der Aktivierung soll dabei sehr hoch sein. Mit anderen Worten: Die Lerner-Experten sollen keine Monologe (= Referate) halten; sie sollen keine Dialoge führen, bei denen sie einfach die besten Schüler ihre Lösungen vorstellen lassen und diese dann bejahen; sie sollen möglichst alle Schüler tatsächlich zu aktivieren versuchen und für **Polyloge** sorgen, d.h. vernetzte Gespräche über einen Inhalt bzw. einen Lösungsvorschlag, um **Synergie-Effekte** zu erzielen – Martin spricht von **"Netzsensibilität"** und "Ressourcenorientierung", wir ergänzen: "**nachhaltige Ressourcenorientierung**". Dies schließt freilich nicht aus, dass bei gewissen Dingen eine frontale Vermittlungstechnik effizienter ist; der frontale Anteil ist aber angesichts der gewünschten Zielkompetenzen und der Charakteristika der Weggefährten gering zu halten.

- Die **Lehrkraft** fordert[4] und fördert. Sie ist Lernberater und Kommunikationsmanager. Oder anders ausgedrückt: Die Hauptdarsteller sind die Lerner-Experten, die Lehrkraft ist Regisseur und Souffleur. Sie ist in einer optimalen Lage, das Schülerverhalten permanent zu beobachten, Verständnislücken rasch aufzudecken und selbst offen zu sein für ungeahnte Lösungswege. Ferner ist sie bei aller Unbestimmtheit der Ergebnis-Garant, der den Lernern die Gewissheit gibt, dass es tatsächlich zu einer Linearität a posteriori kommt. Unter Berücksichtigung der Tatsache, dass jeder Mensch bestimmte Bedürfnisse hat (die sich in den schon genannten Antinomien ausdrücken), muss die Lehrkraft dafür sorgen, dass die Lerner **Kontrollkompetenz** erwerben. Dann setzt auch das ein, was die Psychologen als **Flow**-Effekt bezeichnen. Darunter versteht man eine große intrinsische Befriedigung und Glücksgefühle über das völlige Vertiefen und Aufgehen in der Beschäftigung mit dem Unterrichtsstoff. LdL ist nach unserer Erfahrung sogar dazu geeignet, dieses Gefühl sowohl bei den Lernern als auch bei der Lehrkraft auszulösen. Die Lehrkraft soll die Lerner ferner dazu anregen, ihr Wis-

4 Inge Faltin (Faltin/Faltin 2011: 250) bedient sich hier eines einschlägigen Goethe-Zitates: "Behandle einen Menschen, wie er ist, und er wird bleiben, wie er ist. Behandle einen Menschen, wie er sein könnte [...], und er wird werden, wie er sein könnte".

sen nicht zu horten, sondern **Wissen zu verschenken**, um dafür Anerkennung zu erhalten und somit auch andere "Währungseinheiten" als Geld kennen zu lernen[5].

- Die **Inhalte** lassen sich in drei Säulen organisieren:
  (1) einem vom Lehrer oder vom Lehrplan vorgegebenen fachlichen deklarativen und prozeduralen **Kernwissen** mit internen Vernetzungen sowie mit Bezug zu Fragen des Lebens und des Weltgeschehens
  (2) von **Lehrkraft und Lernern selbstgewählte Inhalte** (auch in Form von Projekten)
  (3) den (deklarativen und prozeduralen) **Schlüsselkompetenzen**: gutes Allgemeinwissen; **Selbstkompetenzen** wie jene der Selbstreflexion, der Eigenverantwortlichkeit (Umgang mit Freiheit), der Kritikfähigkeit, des **explorativen Verhaltens** zur Erlangung von Kontrollkompetenz, jene des **Aushaltens von Unbestimmtheit** bzw. **Unschärfe** und jene der heuristischen Kompetenz, d.h. eines hohen Maßes an Zutrauen in die eigene Problemlösefähigkeit bei unbekannten Situationen; **Sozialkompetenzen** wie jene des Moderierens, der Führungskompetenz und der Teamarbeit im virtuellen und realen Raum, des Verantwortungsbewusstseins, der interkulturellen und transkulturellen Kompetenz; **Methodenkompetenzen** wie jene der Projektmanagementkompetenz, der Informationsbeschaffung, der Wissensgenerierung und des Wissenstransfers und letztlich der "**Weltverbesserungskompetenz**" (das heißt der Fähigkeit, sein Wissen für die Lö-

---

[5] Der zentrale Aspekt in Martins Anthropologie ist also nicht das Altruistische, sondern zunächst einmal die selbstbezogene Erkenntnis: "dass es zur Sicherung des eigenen Glückes auch des Wohlbefindens der Mitmenschen bedarf. Gerade diese – altruistische – Komponente ist bei Jugendlichen sehr wirksam. [....] Da Jugendliche einerseits stark nach Orientierung suchen, andererseits sich zu Wehr setzen, wenn die ethischen Angebote mit hergebrachten moralischen Kategorien beschrieben werden, ist es ratsam, Ethik mit Lustgewinn zu verbinden" (Martin 2002: 75). Auch bei Inge Faltin (Faltin/Faltin 2011: 247) taucht die Idee des Wissen-Verschenkens als wichtig für die Entwicklung der charakterlichen Reife der Schüler auf.

sung gesellschaftlicher Probleme unter Berücksichtigung ethischer Werte einsetzen zu können).

Aus diesen Einträgen wird erkennbar, dass LdL im Kern vor allem eine Haltung ist. Es gibt zwar gewisse Grundmuster, aber keine harten Schablonen, nach denen man den Unterricht gestaltet. Konkrete Umsetzungen orientieren sich an der Lehrerpersönlichkeit und den Lernerpersönlichkeiten.

Was ist LdL nicht?

LdL verspricht nicht, dass es nichts geben wird, was als Problem bezeichnet würde. LdL erhebt aber den Anspruch, Wege zu bieten, mit denen im Unterricht auftauchende Probleme mit dem Lernstoff oder mit Personen lösbar sind – weil es sich an der grundsätzlichen Beschaffenheit des Menschen zu orientieren hofft.

In vielen Gesprächen über LdL heißt es immer wieder einmal: "Das ist doch bei uns alltägliche Praxis". Doch mit gegenteiligen Beispielen schuldidaktischer Praxis wartet etwa das Buch von Faltin & Faltin von 2011 auf. Auch an vielen Hochschulen ist man noch weit davon entfernt. An einer großen Universität etwa ist es Usus, dass in einem Seminar rund 100 Studierende in Räumen für 30 Personen sitzen. Der Unterricht läuft nach Erzählung der Studierenden so ab, dass ein Referat nach dem anderen gehalten werde und keine Zeit für Nachfragen und Diskussionen bliebe. Zwar kann LdL die Rahmenbedingungen nicht ändern, verspricht aber ein Stück weit einen anderen Unterricht, der Inhalte veranschaulichen, Selbstbewusstsein vermitteln und sowohl Lehrende als auch Lernende gemeinsam auf ihrem Weg weiterbringen kann. Dabei sei ausdrücklich auf einige Missverständnisse hingewiesen, auf die wir in Fortbildungen immer wieder stoßen: Teamarbeit allein ist nicht LdL; Diskussionen allein ist nicht LdL; Referatehalten ist überhaupt nicht LdL. Ferner bedeutet LdL nicht, dass die Lehrkraft keine Unterrichtsvorbereitung mehr zu leisten habe oder sich im Unterricht zurücklehnen könne. Wir verstehen, dass es auf Grund der Unterrichts- und Denktraditionen, mit denen Lehrende und Lernende vertraut sind, nicht immer einfach ist, das Konzept voll zu erfassen. Dieses Buch möchte zu einem besseren Verständnis beitragen.

Wer hat LdL unterstützt?

Zunächst einmal wird LdL dadurch unterstützt, dass es eine reiche Zahl an Lehrkräften durchgängig oder zeitweise einsetzt – über Deutschlands Grenzen hinaus. Im Hochschul- und Volkshochschulbereich sowie in der betrieblichen Fortbildung sind dokumentierte Erfahrungen mit LdL bislang zwar gering[6]; dagegen stehen zahlreiche positive Berichte von Grundschul-, Hauptschul-, Realschul- und Gymnasiallehrkräften und unzählige Arbeiten von Lehramtsanwärtern – aus unterschiedlichen Schularten, Fächern, Ländern. Deren Berichte sind zum Teil auf der LdL-Internetplattform zugänglich. Vor allem aber ist die Riege der LdL-Kerngruppe zu nennen, die teilweise noch heute aktiv an der Verbreitung von LdL arbeiten, so etwa Roland Graef, Renate Gegner, Rolf-Dieter Preller und Ulli Hertel-Schönberg.

Finanziell wurde das LdL-Projekt knapp 30 Jahre von Entscheidungsträgern der Universität Eichstätt unterstützt. Auch das bayerische Kultusministerium hat LdL einige Jahre finanzkräftig unterstützt.

Unterstützung erfährt LdL letztlich auch durch positive Rezeption in der Fachliteratur. Nachdem Martin und ihm folgend andere LdL erfolgreich im Fremdsprachenunterricht erprobt hatten[7], wurde schnell deutlich, dass sich LdL im Grunde tatsächlich in jedem Schulfach, in jeder Schulart und in jeder Klassenstufe anwenden lässt. Als fachübergreifendes Beispiel sei hier Hilbert Meyers Erwähnung von LdL in seinem Buch *Was ist guter Unterricht?*[8] genannt. Daneben gibt es zahlreiche positive Erwähnungen von LdL in fachspezifischen Handbüchern.

Schließlich wurde LdL auch durch ein entsprechendes Presse-Echo bekannt, etwa im Bayern-Fernsehen, im NRW-Hörfunk, im Nachrichtenmagazin *Der Spiegel* und im Reportagemagazin *GEO Wissen*. Reinhard Kahl widmete Jean-Pol Martin und LdL eine Sequenz in seinem preisgekrönten Bildungsfilm *Treibhäuser der Zukunft*.

---

6 Vgl. zum Hochschulbereich unsere Arbeiten (Grzega 2003, 2005a, 2005b, Grzega/Waldherr 2007, Grzega/Schöner 2008, Grzega/Klüsener 2011), zur Arbeit mit Erwachsenen im Volkshochschul- bzw. betriebsinternen Fortbildungsbereich den Aufsatz von Grzega/Stenzenberger (2011).

7 Vgl. etwa Legutke (1988), Graef/Preller (1994).

8 Vgl. Meyer (2004: 83).

Unsere Lebenswege mit LdL
oder
Kurzbiographien von J.G. und B.K.

Joachim Grzega sagt ...

Als ich 1991 an der Universität Eichstätt zu studieren begann, besuchte ich einen Kurs bei einem Franzosen, der zwar akzentfrei Deutsch sprach, aber dessen Stimme dennoch irgendwie an Daniel Cohn-Bendit erinnerte. Ob es daran lag, dass er während der 68er-Bewegung bei einer wichtigen Veranstaltung auf Cohn-Bendit traf? Der Ort des Geschehens war seinerzeit Paris. Dort war Jean-Pol Martin im April 1943 auch geboren. Zur Völkerverständigung trug er dadurch bei, dass er eine Deutsche heiratete. Er zog nach Deutschland, studierte Romanistik und Germanistik in Erlangen, um das bayerische Staatsexamen zu absolvieren und wurde dann zunächst Gymnasiallehrer für Deutsch und Französisch in Höchstadt an der Aisch. 1980 wurde er Französisch-Didaktiker an der Universität Eichstätt. Von nun an sollte er nicht nur durch die ungewöhnliche Schreibung *Jean-Pol* auffallen, sondern auch durch seine ungewöhnlichen Ideen. Die erste ungewöhnliche Aktivität nach seiner Anstellung an der Universität Eichstätt bestand darin, dass er weiterhin regelmäßig am Gymnasium unterrichtete und sich nicht auf Unterrichtsbeobachtungen im Rahmen von Praktika seiner Studierenden beschränkte. So konnte er nicht nur am Schreibtisch, sondern gleichsam am Unterrichtspult, sein bahnbrechendes Unterrichtsmodell entwickeln: er überließ in weiten Teilen seines Unterrichts seinen Schülern das Lehren und versuchte so Kognition, Habitualisierung und authentische Kommunikation zu vereinen – Lernen durch Lehren, LdL. Von der Tragweite dieses Modells (eines unter vielen) ahnte ich in meinem ersten Semester damals noch nichts. Aber im dritten Semester! In diesem nämlich absolvierte ich mein Schulpraktikum bei Jean-Pol Martin und konnte live miterleben, wie seine Schüler im zweiten Lernjahr Französisch von der Kommunikationsfähigkeit und der Sprachbeherrschung deutlich besser waren als Schüler anderer Klassen im dritten Lernjahr, teilweise vielleicht sogar besser als wir Studenten. Ferner war ich mir mittlerweile selbst bewusst geworden, dass mir Martins Modell meine eigene Sprechfertigkeit zu verbessern half. Auch die Geschichte der französischen Literatur lernte ich das erste Mal richtig verstehen und verknüpfen – im "literarischen Durchzieher" bei Martin. Es erstaunte mich damals, dass neben Martin kein anderer Dozent der Universität Eichstätt trotz der offenkundigen Effektivität dieses Modell praktizierte.

Nach meinem Staatsexamen wurde mir ab 1998 die Möglichkeit gegeben, LdL selbst ausprobieren, als Dozent im Bereich Englische Sprachwissenschaft, in der es um die Untersuchung der Sprachgeschichte, der Grammatik, des Wortschatzes, der Laute und der Dialekte im weitesten Sinne geht (auch im Vergleich zu anderen Sprachen). Hinzu kamen ab 2002 noch Kurse im Bereich der Eurolinguistik, die zu einem weiteren Forschungsschwerpunkt für mich geworden ist. Ich habe LdL – erweitert LdL&F = Lernen durch Lehren und Forschen – zu verschiedenen Themen, in thematisch gleichen Kursen in verschiedenen Formen, in Gruppen aus eher homogenen wie in Gruppen aus eher heterogenen Lernern bezüglich Vorwissen und/oder Zielrichtung, in unterschiedlich großen Gruppen (von 6 bis 65), mit Leuten unterschiedlichen Alters (von 8 bis 78) und sogar mit Leuten unterschiedlich kultureller Herkunft anwenden können. In diesen Kursen haben mich Sprache und Kommunikation dann nicht nur als Untersuchungsgegenstand, sondern auch als didaktisches Transportmittel für den Untersuchungsgegenstand interessiert. Ich habe dabei viele unterschiedliche Erfahrungen gewonnen und musste mit mancherlei Problemfällen umgehen. Dabei habe ich LdL verfeinern können. Bei den Studierenden und Schülern schien LdL mehrheitlich gut anzukommen; immerhin haben mich Studierende dreimal beim Magazin UNICUM für den Hochschullehrer des Jahres vorgeschlagen. In seinen Grundprinzipien hat LdL mich nie enttäuscht. Es hat sich für mich gezeigt: LdL ist für mich das bildungs-, lern- und lehrökonomisch beste Konzept für unsere Zeit, für die Informations- und Wissensgesellschaft. Meine Erkenntnisse darf ich mittlerweile in schul-, hochschul- und volkshochschuldidaktischen Fortbildungsveranstaltungen weitertragen und ich möchte sie auch im Verlauf dieses Geburtstagsbüchleins noch darstellen.

Zurück zu Jean-Pol Martin. Er hat mich sicher wie kein zweiter akademischer Lehrer beeindruckt und geprägt. Dank Jean-Pol Martin konnte ich meinen ganz eigenen Forschertyp entwickeln, der für mich meinem Tun einen Sinn gibt. Wir bilden auf der Grundlage unserer Erkenntnisse mit LdL zukünftige Lehrkräfte aus, wobei es sich hier um einem der wichtigsten Berufe unserer Zeit handelt. Und wir wollen solche Lehrer ausbilden, die wiederum die Schüler auf ihre Zukunft optimal vorbereiten können. Wenn wir uns die Vorzeigelehrer aus verschiedenen "Pauker-Filmen" anschauen, so lässt sich vielleicht Folgendes sagen. Wie Joachim Fuchsbergers Dr. Bökh aus *Das fliegende Klassenzimmer* war Professor Dr. Martin auch außerhalb des Unterrichts für seine Schüler da. Peter Alexanders Dr. Dr. Bach aus *Die Lümmel von der ersten Bank IV* und Professor Dr. Martin eint die humoristische Ader. Und was der von Robin Williams gespielte Sean Macquire aus dem Spielfilm *Good Will Hunting* und Jean-Pol Martin aus dem Dokumentarfilm *Treibhäuser der Zukunft* gemeinsam haben, ist: Charisma!

Bea Klüsener sagt ...

Im April 2008 kam es in der Mensa der Katholischen Universität Eichstätt-Ingolstadt zu einer besonderen Begegnung: Joachim Grzega und ich suchten mit unseren Tabletts beladen nach einem Platz und fanden uns just am Tisch Jean-Pol Martins wieder. Zwar war mir JPMs Konzept LdL zu diesem Zeitpunkt bereits aus meinem Aufbaustudium Deutsch als Fremdsprache beim Goetheinstitut bekannt und ich war der Meinung, sie bereits angewendet zu haben. Nun jedoch fand ich mich plötzlich dem Erfinder des Konzepts gegenüber und beschloss, LdL noch einmal ganz von vorn zu *lernen*, um sodann mein *Lehren* zu verändern.

Es folgte die intensive und durchaus immer auch kritische Auseinandersetzung mit LdL in der Theorie sowie auch in der Praxis durch Hospitation in den Veranstaltungen versierter Nutzer von LdL von der Grundschule, über weiterführende Schularten, hin zur Hochschule sowie zur Erwachsenenbildung außerhalb der Universität.

Zugegeben: Aller Anfang war auch in diesem Falle schwer und meine ersten Gehversuche nicht immer leichtfüßig, aber das war es wert.

Zur Hölle mit den Paukern?

oder

Die Beziehung zwischen Lerner, Lehrer und Gesellschaft

Der erste Teil der Reihe *Pepe und die Pauker* aus den späten 1960er Jahren ist untertitelt mit *Zur Hölle mit den Paukern.* Wir haben uns erlaubt, zur Absicherung ein Fragezeichen hinzuzufügen. Wie steht es denn um das Ansehen von Lehrern an Schulen und Hochschulen? In dem Titel drückt sich eine generelle Abneigung gegen Lehrer aus. Die meisten Lehrer des Mommsen-Gymnasiums der Pepe-Filme werden mehr oder minder als Antagonisten der Schüler und die meisten Schüler mehr oder minder als Gegenspieler der Lehrer dargestellt. Die Druckmittel der einen Seite sind Noten, die Druckmittel der anderen Seite sind Nichtstun und Rebellion sowie die allseits bekannten Streiche.

Lehrkräfte als Partner der Gesellschaft

Heutzutage gibt es neben dem Buch *Professor Untat* eine Reihe von Anti-Lehrer-Büchern auf dem Markt. Bei vielen gelten heute Lehrer und Professoren als faul. Manche gebrauchen das Wort *Lehrer* oder auch *Professor* fast schon als Schimpfwort; bei ihnen schwingen Assoziationen wie "viel Freizeit" und "große Lebensferne" mit. Umgekehrt beklagen die Lehrer, dass sie keine Unterstützung aus dem Elternhaus mehr bekommen; Professoren beklagen, dass Studierende immer "dümmer" würden, und vermissen Vorwissen und Einsatzfreude.

Zunächst plädieren wir dafür, Lehrern wie Vertretern jedes anderen Berufsstandes erst einmal mit Respekt entgegenzutreten. Wir plädieren dafür, Empathie für Lehrende und Lernende aufzubringen. Die Gesellschaft sollte Lehrende sowohl fordern als auch fördern, damit wiederum diese mit Lust die Lernenden sowohl fordern als auch fördern. LdLianer legen auch keinen Wert darauf, dass sie Elite-Lerner bekommen, sie wollen möglichst viele Elite-Absolventen im Sinne von optimal auf die Welt vorbereiteten Lernern, damit sie ein glückliches Leben führen können. Der Begriff der Lernpartnerschaft scheint hier treffend zu beschreiben, was mit LdL verfolgt werden kann.

Eine lernhimmlische Atmosphäre

Eine Lernpartnerschaft nach unserer Vorstellung ist etwas, in der alle Seiten geben und gewinnen. In dieser Lernpartnerschaft werden gemeinsam Ziele, Wege und "Transportmittel" besprochen. Die Lehrkraft darf nach dieser Vorstellung hier durchaus Vorschläge machen, aber die Vorschläge werden so begründet, dass die Lerner sie annehmen können, weil sie diese ebenfalls für sinnvoll erachten. Grundsätzlich ist die Lehrkraft aber offen für Gegenvorschläge. Der Unterrichtsablauf sollte so wenig wie möglich von äußeren Bedingungen (extrinsische Motivation) beeinflusst sein, sondern von der Freude und Begeisterung der Lernpartner bestimmt sein (intrinsische Motivation), da gerade diese nach den Erkenntnissen der Psychologie zu Glücksgefühlen führt. Dies ist nicht immer einfach, weil Lehrer wie Lerner von gewissen Traditionen geprägt sind. Lassen Sie uns dies wieder an ein paar Beobachtungen zeigen:

- Wenn man Studierenden Feedback zu ihrer Leitung einer Unterrichtssequenz gibt, wollen sie oftmals hauptsächlich wissen, welche Note es darauf gegeben hat. Wir vergeben darauf aber überhaupt keine Noten im herkömmlichen Sinne.
- Wenn man Studierende fragt, warum sie einen bestimmten Kurs besuchen, dann begründen sie dies nicht selten damit, dass sie den Leistungsnachweis nach Studien- und Prüfungsordnung eben erbringen müssen.
- Studierende fragen, was die Lösung zu einer Aufgabe ist und werden sehr ungeduldig, wenn man versucht, sie selbst auf die Lösung zu bringen und wenn es gar nicht die *eine* Musterlösung gibt.

- Studierende müssen erst wieder lernen, dass sie fragen dürfen und dass eine Gegenfrage nicht bedeutet, dass sie etwas "Falsches" gefragt haben.

Extrinsische Motivation ist weit verbreitet. Doch konkurrenzartiger Notendruck verhindert Entfaltung sowie Ausprobieren und Erlernen von echt Neuem[9]. Die LdL-Lehrkraft sucht vor allem intrinsische Motivationen zu entdecken oder zu schaffen.

Zum Thema Lernpartnerschaft gehört auch, dass die Atmosphäre insgesamt im Kurs stimmt, dass man zwischenmenschliche Spannungen unter den Lernern unterbindet bzw. auflöst. Schon seit Pestalozzi gilt, dass die Lehrkraft sich nicht nur um die Bildung von Kopf und Hand, sondern auch um jene des Herzens verantwortlich fühlen soll. Aber bei LdL geht es zunächst einmal darum, dass die LdL-Lehrkraft um zwischenmenschlich modellhaftes Lehrverhalten bemüht ist – innerhalb und außerhalb des Klassenraumes. Eine LdL-Lehrkraft ist Mentor. Eine LdL-Lehrkraft zeigt empathisches Verhalten. Lernen am Modell betrifft dadurch nicht mehr nur das Fachwissen, sondern wiederum die Schlüsselkompetenzen.

Inge Faltin empfiehlt Lehrkräften, sie sollten gegenüber Schülern "Servant Leadership" betreiben, also Mentor, leitende Kraft und Wachstumshelfer sein. Zum Zwecke einer veränderten Lehrer-Schüler-Beziehung formuliert sie in Kapital 8 ihres Buches folgende Thesen:

---

9 Ähnlich warnt Hüther (2011: 76), es "führt jeder Leistungs-, Erwartungs-, Handlungs- oder sonstige Druck immer zum Rückfall in bereits bewährte Strategien. [....] Je größer der Druck und die dadurch sich im Gehirn ausbreitetende Erregung wird, desto tiefer geht es also auf der Stufenleiter der noch aktivierbaren, handlungsleitenden Muster wie in einem Fahrstuhl hinab. Das Verhalten wird einfacher." Und weiter: " Wir glauben sogar, dass Menschen ohne diesen Konkurrenzdruck die in ihnen angelegten Potenziale gar nicht entfalten können. Dabei müssten wir doch längst begriffen haben, dass Menschen unter Wettbewerbsdruck sich nicht weiterentwickeln und ihre Potenziale entfalten, sondern dass das [...] nur fortschreitende Spezialisierungen sind. Fachidioten und Leistungssportler kann man durch Wettbewerb erzeugen, aber nicht umfassend gebildete, vielseitig kompetente und umsichtige, vorausschauend denkende, und verantwortlich handelnde, in sich ruhende und starke, beziehungsfähige Persönlichkeiten." (Hüther 2011: 80f.).

- Bei sich selbst beginnen!
- Die eigene Persönlichkeit entwickeln!
- Vorbild sein!
- Andere inspirieren!
- Aus dem Weg gehen! (wenn die Schüler einen nicht brauchen)
- Mit Niederlagen umgehen! (die bei einem offenen Unterricht kommen müssen und auch im Leben außerhalb eines Unterrichtskontextes vorkommen)
- Sich überflüssig machen!

Effektive Lernpartnerübungen

Neben dem Vorbildsein gilt zusätzlich wieder der Spruch "Übung macht den Meister". Das heißt, die LdL-Lehrkraft schafft Gelegenheiten, Empathie trainieren zu können. Dies kann vermittels einer Diskussionsrunde oder einer Partnerarbeit geschehen. Partnerarbeit bzw. Kleingruppenarbeit stellt eine zentrale Sozialform innerhalb des LdL-Konzeptes dar. Wenn in manchen Klassen immer nur die gleichen Leute zusammenarbeiten, kann man sich überlegen, ob es sinnvoll ist, hier bewusst (etwa durch Abzählen) immer wieder neue Gruppen zu bilden, um die Sozialkompetenzen besser trainieren zu lassen. Auch die Problematik, dass die Aufgaben nie ganz gleichmäßig verteilt werden können, kann thematisiert werden. Die Lerner sollen jedenfalls die Früchte von Teamarbeit eintragen können. In einer Feedback-Aufgabe schrieb ein Student: "Es war definitiv wichtig, mit den anderen Seminarteilnehmern zu arbeiten, um zu sehen, dass wir manchmal Ideen gemeinsam entwickeln konnten und unsere Lösungen zusammentragen konnten und es von Zeit zu Zeit den Aha-Effekt gab."

Es zeigt sich jedoch, dass bei LdL-Neulingen bzw. LdL-Lehrlingen manchmal "ineffektive Gruppenarbeit" auftritt. Darunter verstehen wir, dass Partnerarbeit nur noch der Partnerarbeit wegen gleichsam automatisiert eingebaut wird, ohne dass darüber nachgedacht wird, welche Ziele die Gruppenarbeit erfüllen soll. Es sei darin erinnert, dass bei LdL jede Technik, jede Methode Schlüsselkompetenzen immer mit dem Vermitteln von fachlichen Kompetenzen zeitlich effizient verknüpfen soll. Manchmal ist aber eine bestimmte Fachkompetenz durch Stillarbeit oder durch eine kleine Präsentation der Lehrkraft besser trainiert, so etwa die

Einführung von einfachen Definitionen. Wenn man beispielsweise vermitteln will, dass Landwirbeltiere in Amphibien, Reptilien, Vögel und Säugetiere einzuteilen sind, verteilt man kein Arbeitsblatt "Landwirbeltiere" mit vier Gruppen von Tieren, vier daneben stehenden Lücken und der Partnerarbeit-Aufgabe: "Sieh Dir die 4 Gruppen von Landwirbeltieren an. Finde zusammen mit Deinen Partner die Namen der Gruppen heraus und schreibe Sie auf die Linie." Entweder man kennt die Namen und füllt sie ohne Diskussionsbedarf ein oder man kennt sie nicht. Schneller wäre es gegangen, einfach die Gruppen selbst zu benennen, um sich dann spannenderen Fragen zu widmen. Zum Beispiel: Was haben alle Landwirbeltiere gemein? Gegebenenfalls konfrontiert man die Schüler gleich mit der biologischen Definition, dass Landwirbeltiere 4 Beine bzw. Füße haben. So regt man die Diskussion an, warum dann die Schlange und der Mensch unter den Landwirbeltieren sind und kann so darauf eingehen, dass ein Wort in der Fachsprache eine andere Bedeutung haben kann als in der Alltagssprache (hier die Wörter *Bein* und *Fuß*) oder dass Beschreibungen den Anschein von Gegenwartsbeschreibungen haben, aber in der Fachsprache oft nur mit historischem Hintergrund zu verstehen sind (bei der Schlange haben sich die Beine und Füße zurückgebildet), dass der Rückgriff auf die Evolution aber unterschiedlich weit und damit willkürlich zurückreichen kann. Oder man lässt, insbesondere wenn man aus der Gegend Eichstätt-Solnhofen-Treuchtlingen kommt, die Einordnung des Archäopterix diskutieren (das Bindeglied zwischen Vogel und Reptil). In vielen Fächern bieten sich zu frontal eingeführten Terminologien Aufgaben an, mit denen die Unschärfe von Definitionen bzw. die Schwierigkeit, scharfe Definitionen finden zu können, sowie Unterschiede zur Alltagssprache gezeigt werden können. Man kann es aber auch anders herum gestalten und die Schüler bitten, eine Reihe von abgebildeten Landwirbeltieren in 4 Gruppen einzuteilen, vielleicht mit der Ergänzungsfrage. "Was haben der Mensch und die Schlange gemeinsam?" Vielleicht fügt man das Wort "biologisch" hinzu, wenn man keine Zeit darauf verwenden will, dass diese Frage etwa auch theologisch diskutiert wird.

Ineffektive Lernpartneratmosphäre

Es liegt auch eine Form von "ineffektiver Partner- oder Gruppenarbeit" vor, wenn die schwachen oder introvertierten Lerner nie die Chance zu einem Aha-Effekt bekommen, weil die anderen immer schneller sind. Hier eignet sich etwa die Technik, die "Think-Pair-Share" genannt wird: Schritt 1: die Lernenden über die Aufgaben allein nachdenken lassen (denn jeder hat sein Denktempo und seine Denkwege); Schritt 2: die Lernenden sich kurz über die Lösung austauschen lassen; Schritt 3: im Plenum Lösungen anbieten und besprechen lassen. Im Idealfall enthält die Aufgabenstellung einen Aspekt, der nicht schon über die Einzel- oder Partnerarbeit zu einer endgültigen oder fertigen Lösung führt (damit für jeden die Plenumsarbeit noch einen zusätzlichen Nutzen erhält).

Gelingende Lerner-Lehrer-Partnerschaft

Wie bereits erwähnt, spielt das Achten auf die Kursatmosphäre beim Thema Lernpartnerschaft eine tragende Rolle: Beim Konzept LdL kann man, besser als bei Konzepten, bei denen man als Lehrer oft auf einen einzelnen Lerner schauen oder sich auf eine Tafelanschrift konzentrieren muss, alle Lernenden beobachten und auf eine gelungene partnerschaftliche Atmosphäre achten. Manchmal spürt man, dass etwas nicht stimmt, aber niemand will etwas sagen. Deswegen führen wir grundsätzlich spätestens zur Mitte des Semesters eine Zwischenevaluation bzw. (nachdem wir hier keine soziologischen Messinstrumente einsetzen) eine Feedback-Runde durch. Dazu bestimmen wir in der Regel eine Person zum Moderator, gehen hinaus, lassen anonymisiert positive Eindrücke, negative Eindrücke und Verbesserungsvorschläge an die Tafel schreiben, werden dann wieder hereingebeten und können Stellung zu den Kommentaren nehmen. Wir versuchen, selbst wenn eine Bemerkung emotional ist, möglichst unemotional zu reagieren – etwa nach dem Konzept der Gewaltfreien Kommunikation von Marshall B. Rosenberg[10], d.h. mit strenger Trennung von Bedürfnissen und Strategien. Wir gehen auf das Rosenbergsche Konzept noch in einem anderen Kapitel ein. Wenn wir einen Kommentar nicht verstehen, erläutert ihn die moderierende Person (oder, aufgrund der lernpartner-

---

10 Vgl. etwa Rosenberg (2005).

schaftlichen Atmosphäre, sogar der Urheber der Äußerung). Es mag für einen LdL-Neuling eine gewisse Stresssituation bedeuten: man könnte ja mit seinem Unterricht gescheitert sein.[11]. Aber nur durch eine Feedback-Runde (nicht erst am Ende eines Jahres oder Semesters) erhält man ja die Möglichkeit, die Ziele bestimmter Lehrstrategien noch einmal bewusst zu machen, bestimmte Lehrstrategien also mit den Lehrzielen sinnvoll begründen zu können und ggf. eine Strategie so zu verändern, dass beide Seiten – Lehrer und Lerner – gut "damit fahren" können. Es gibt immer Dinge auf der Negativ-Seite, häufig den Umfang des Stoffes. Doch noch nie kam es bei uns am Ende zum Ergebnis, dass das LdL-Konzept zur Gänze gescheitert war – allenfalls waren Kleinigkeiten zu justieren. Hier kann schon eine eMail an alle Kursteilnehmer manchmal zur Klärung beitragen.

Eindrücke aus meinem Leben (J.G.): In einer Feedback-Runde fand ich mich mit einem Negativ-Feedback an der Tafel konfrontiert, das ich zunächst gar nicht verstand, das ich aber für sehr ernst hielt: "manchmal Bloßstellung von Studierenden". Dies bezog sich auf folgende Eigenart von mir: Manchmal lasse ich eine Studentin oder einen Studenten so lange an einer Sache arbeiten (etwa Satzanalysen an der Tafel), bis sie bzw. er es ohne Hilfestellungen meinerseits lösen kann. Ich gebe die Möglichkeit zur schrittweisen Selbstkorrektur. Dies wurde offenbar von mindestens einer Person als Bloßstellung empfunden. Nur durch so eine Feedback-Runde kam dieser Eindruck auch mir gegenüber zur Sprache und nur durch die Feedback-Runde konnte aufgeklärt werden, dass ich dies nicht zur Bloßstellung tue, sondern dass ich, wenn ich sehe, dass das Wissen im Prinzip vorhanden ist, solange trainieren lasse, bis die Person an der Tafel ein Erfolgserlebnis verspürt. Ich habe den Studierenden nochmals sagen können, dass das, was ich im Unterricht tue, nur zu dem Zwecke dient, möglichst alle strahlen lassen zu können – intellektuell und emotional. Die Studierenden haben mir kommuniziert, sie hätten nunmehr verstanden, dass ich dies ehrlich meine, und so gingen wir alle positiv gestimmt aus dem Kurs. Von

[11] Ähnlich schreibt Inge Faltin (Faltin/Faltin 2011: 93) über ihre Erfahrungen als Lehrerin: "Ich war immer wieder erstaunt über die geringe Bereitschaft der Kollegen, Unterrichtszeit für die Lösung elementarer Probleme zu opfern. Die Vermittlung des Stoffes war den meisten wichtiger".

einem Studenten erhielt ich sogar eine eMail, dass die Feedback-Runde und meine Kommentare vom Kurs als positiv sowie als Bereicherung empfunden wurden.
Ein anderes Beispiel: Wenn mehrere Personen durch eine Klausur fallen, biete ich vor der Nachholklausur manchmal noch ein spezielles Vorbereitungstreffen an. Immer wieder stoßen auch andere Studierende dazu, obwohl sie die Klausur bestanden haben – einfach aus Freude am Stoff.
Noch ein drittes Beispiel: Vor einiger Zeit hatte ich ferner die Möglichkeit zwei Kurse Business English im Blended-Learning-System einer FH zu unterrichten. Das System besteht darin, dass es zwei 4-stündige Präsenz-Sitzungen gibt (am Anfang und in der Mitte; am Ende gibt es noch eine Präsenzsitzung für die schriftliche Prüfung). Der Rest läuft schematisiert (für alle Business-English-Kurse, unabhängig von den einzelnen Dozenten) auf einer Online-Lernplattform ab, über die die Studierenden sich das Wissen aneignen und bis zu bestimmten Terminen Aufgaben erfüllen. Nur die Onsite-Phasen geben dem Dozenten die Möglichkeit zu einer individuellen Note des Unterrichts. Das war für mich ein toller Anreiz, in den Präsenzsitzungen nicht nur meine Idee von Englisch als echter Weltsprache (nicht als Sprache der Amerikaner oder Briten) zu vermitteln, sondern auch LdL in solch einem Kontext auszuprobieren. Man hat dabei ja kaum die Möglichkeit, innerhalb eines Semesters eine Beziehung zu den Studierenden aufzubauen. Dabei beschränkte ich mich im Wesentlichen darauf, in der Präsenzsitzung selber Aufgaben zur Wissensvermittlung und zur Leitung einer Aufgabenlösungsphase zu verteilen. Dies hat in einem Kurs (Studierende des Hauptfachs Medienmanagement) sehr gut funktioniert. Im anderen Kurs (meist Studierende des Hauptfachs Baumanagement) spürte ich, dass ich – mit dem gleichen Konzept – in der 2. Sitzung nicht so an die Studierenden rankam. Am Ende der zweiten Präsenzsitzung führte ich eine Feedback-Runde durch, die ein sehr vielschichtiges Bild von Zufriedenen und Unzufriedenen ergab. Einige meinten zwar, etwas dazu gelernt zu haben, aber dass es nicht das war, was sie erwartet hätten. Vor allem hätten Sie mit Blick auf die Klausur mehr Grammatik-Übungen (trotz der schon online zur Verfügung stehenden Übungen) erwartet. Besonders jene Übungen, in denen man induktiv von Beispielen aus eine Regel finden musste oder in

denen man kreativ sein musste, kamen nicht so gut an. So wurde explizit gewünscht, dass man erst Regeln an die Hand bekäme, um diese dann auf Einzelfälle übertragen zu können. Dies wurde nach der Sitzung von einer Studentin, die nochmal direkt auf mich zukam, ausführlicher dargelegt. Außerdem war es wohl so, dass ich letztlich nicht der Dozent war, der ursprünglich den Studierenden angekündigt war und auf den sie sich schon gefreut hatten. Natürlich hätte ich keine Probleme, von induktiv auf deduktiv umzusteigen bzw. hätte ich in der nächsten Sitzung eine Mischung aus induktiven und deduktiven Aufgaben eingebaut. Dies hätte wohl dazu beigetragen, die Studierenden glücklicher zu machen. Aber was mache ich, wenn der Kurs mit der zweiten Präsenzsitzung ja praktisch bereits beendet ist? Ich schrieb nach der Korrektur eine Rundmail, weil ich, selbst wenn ich nicht mehr die Möglichkeit des Face-to-Face-Gespräches habe, noch in die Zukunft gerichtete Lösungsmöglichkeiten anbieten will – und zwar Lösungsmöglichkeiten, die sowohl zur Zufriedenheit der Studierenden als auch zum Erreichen meiner Unterrichtsziele führen. Das gehört nach meiner Auffassung zu LdL dazu. Die Reaktion zeigte mir, dass es sich gelohnt hat, den Kurs nach der letzten Präsenzsitzung nicht einfach abzuhaken, sondern die Studierenden nochmal per eMail zu kontaktieren. Hier Ausschnitte meiner Rundmail (Eigennamen sind als X wieder gegeben): *"[....] FH-Studenten sind für mich eine neue Lernergruppe und auch das System der zweifachen Onsite-Blocksitzungen ist neu für mich. Ich habe in meinem ersten Semester an der FH wertvolle Erfahrungen sammeln können. Für mich haben sich erneut mehrere positive LdL-Effekte gezeigt — etwa, dass damit jeder aufs aktive Reden gefasst sein muss (und dieses dann auch besser trainiert werden kann), dass damit mehr als nur irgendwelche Fachinhalte trainiert werden können und dass ich damit ein besseren Eindruck vom Leistungsstand der einzelnen Teilnehmer bekommen kann (ich wusste überhaupt nicht, was ich an Englischkenntnissen erwarten kann). Dass der von mir für die zweite Sitzung gewählte Aufbau effektiv und effizient sein kann, hat sich in meiner Parallel-Gruppe gezeigt. [....] Wenn nun Aspekte für eine Gruppe nicht passen, liegt es nicht am didaktischen Grundkonzept, sondern es sind kleine Stellschrauben, an denen man drehen muss – für mich gilt es, die richtigen zu ziehen. Eine Feedback-Äußerung (von X) war, dass man besser erst die Theorie gebracht hätte und dann die Übungen ausgeteilt hätte. Grundsätzlich können beide Richtungen sinnvoll sein – je nach zu trainierender Fertigkeit. Nun habe ich festgestellt, dass die meisten von euch Aufgabe 4 gewählt haben und eher wenige die Aufgaben 5 und 7, die mehr kreatives Schreiben erforderten. Das war in meiner Parallel-Gruppe geradezu umgekehrt. Das zeigt mir, dass die meisten von euch offensichtlich lieber mit Dingen arbeiten, wenn sie eine Vorstruktur bekommen oder diese bereits auf etwas anwenden können. Ich sehe es durchaus als meine Aufgabe an, euch Strukturen für die Geschäftskommunikation mitzugeben; andererseits ist es mir auch wichtig, dass ihr trainiert, wie man in unstrukturierten Situationen (im unbekannten kalten Gewässer, im Chaos) zurechtkommt. Warum? Weil die Welt von heute so ist, dass wir oft auf unbekannte Situationen stoßen werden und wir dann einfach mit all unserem Wissen das Beste daraus machen müssen. Deshalb meine ich nach wie vor, dass es auch sinnvoll war, die Dialoge vor die Theorie zu stellen. Was man allerdings beim nächsten Mal machen könnte (und evtl. effektiver wäre), wäre eine Art Sandwich: ein paar Dialoge – Theorie – restliche Dialoge. [....] Eine weitere Herausforderung ist für mich, in der knappen Zeit, die ich bei diesem System mit einer Gruppe verbringen kann, ein Vertrauensverhältnis zwischen uns zu schaffen. Erst durch X habe ich im Übrigen erfahren, dass ihr gewohnt seid, einen Dozenten in einem Fach längerfristig zu haben, während es etwa in Eichstätt gang und gäbe ist, dass man jedes Semester einen anderen Dozenten hat. Da gab es vielleicht ein wenig Enttäuschung. Bei dem knappen Zeitbudget stellt sich auch die Frage: wie kann ich euch möglichst in allen von mir angedachten Skills fit machen. Ich habe überhaupt keine Probleme damit, dass Fehler gemacht werden oder dass es zu Missverständnissen gekommen ist. Fehler – besser: Irrtümer – und Missverständnisse sind im Training ja sogar äußerst wertvoll. Die Frage ist allerdings, wie gehe ich in dieser knappen Zeit damit um, insbesondere wenn es größere Irrtümer oder Missverständnisse sind. Blitzschnell muss ich entscheiden, selbst das Ruder zu übernehmen oder einen Studenten bzw. die Gruppe selber solange diskutieren zu lassen, bis man auf die Lösung kommt. Manchmal treffe ich die richtige Entscheidung, manchmal reagiere ich zu schnell und evtl. zu harsch. Alles aber passiert mit dem Ziel, euch zu Leuchttürmen in der globalen Wissensgesellschaft werden zu lassen – auch wenn es "nur" ein Nebenfach sein mag. [....]".* Hier die Antwortmail einer Studentin: *"Ich kann Sie gut verstehen, dass es schwierig ist in ein neues Territorium zu treten und dort sein Bestmöglichstes leisten zu wollen. Es ist schön mitzubekommen, dass es noch "Lehrer" gibt, die selbst noch lernen und ihr Wissen weitergeben wollen! Da es heutzutage einfach nicht mehr selbstverständlich ist. Nehmen Sie es sich bitte nicht zu Herzen, dass wir Kritik geäußert haben und denken Sie bitte nicht, dass Ihre Vorlesung nicht den Erwartungen entsprochen hat. Dinge, wie die Sitten in anderen Ländern, sind für die Praxis auf jeden Fall hilfreich, da es allein davon abhängen kann, ob eine Geschäftsbeziehung überhaupt zustande kommen wird. Wie Sie schon erwähnten, wir sind eine Gruppe, die die Struktur liebt und noch nicht so vollkommen ist, dass wir sagen können, wir kommen mit allen Situationen zurecht. Wäre es so, wären wir nicht in der FH, um zu lernen. Für uns spielt das, was uns in der Prüfung erwarten wird, eine Rolle, was zu Verunsicherungen führt und dies wiederum (bei einer Struktur-liebenden-Gruppe) zur Panik vor der Prüfung. Bitte behalten Sie Ihren Lehrwillen bei und nehmen Sie solche Motivationsbringer wie „Ihr habt es trotzdem gemeistert" mit in Ihre zukünftigen Vorlesungen!"* Und die Mail einer zweiten Studentin: *"Ich wollte mich noch einmal im Namen aller für Ihre Email bedanken! Fanden wir alle sehr nett, dass Sie uns diese geschickt haben!"*

Hier noch einige Rückmeldungen, die mir Studierende einige Zeit nach Beendigung des jeweiligen Kurses zukommen ließen:

"Sie sind einer der wenigen Lehrenden, die wirklich unkonventionell arbeiten und die ihre Toleranz gegenüber neuen Themen tatsächlich auf ihre StudenInnen übertragen. Ich habe nicht oft erlebt, dass jemand seine StudentInnen so ernst genommen hat. Danke."

"Tausend Dank für dein Engagement und deine Freude am Unterrichten. Dadurch habe ich sehr viel gelernt."

"Dein [Eurolinguistik]-Seminar hat mir viel Spaß gemacht, wodurch auch viele Sachen (durch dein Lehrkonzept) hängen geblieben sind. Unsere Studenten würden sich sicher freuen, wenn du in Zukunft nochmal nach X kommen würdest."

"Ich bin mir ziemlich sicher, dass Du Dich nicht mehr an mich erinnerst, aber ich habe mal vor 2,5 Jahren bei Dir einen sprachwissenschaftlichen Kurs zu Mark Twain gemacht. Ich wollte mich jetzt einfach mal bedanken, weil das, was ich bei dir gelernt habe, mir doch tatsächlich (ich hätte es ja nicht für möglich gehalten) in meinem weiteren Unileben zugute gekommen ist. Ich stehe jetzt kurz vor meinem Abschluss [...] und in einer meiner schlaflosen Nächte ist mir eingefallen, dass ich Dir noch nie 'Danke' gesagt habe. Ich muss zugeben, am Anfang warst Du mir ein bißchen unheimlich, aber nachdem ich jetzt erlebt habe, was es bedeutet, wenn ein Dozent sich NICHT für seine Studenten engagiert, kann ich nur sagen, dass Du eine angenehme und viel zu seltene Ausnahme bist." (N.B.: Ich habe mich an sie erinnert, weil ich nur ganz selten ein ehemaliges Kursmitglied vergesse.)
Von einer Studentin, die nach meinem Weggang von ihrer Universität bei einem Dozenten die Prüfung ablegen musste, bei dem sie erstens bislang nicht so positiv aufgefallen war und zweitens über eines meiner Themen geprüft werden wollte: *"Ich glaube fast, dass Herr X etwas überrascht war, als ich meine mündliche Prüfung mit einer 2,0 bestanden habe. [....] Außerdem hoffe ich, dass es dich freut zu hören, dass einige Aspekte aus deinem Hauptseminar erfolgreich in die Praxis umgesetzt werden [....]."*
Hier eine Mail aus meinem größten LdL-Kurs (65 TeilnehmerInnen in einem unkommunikativen schlauchartigen Zimmer mit festen Tischen, wobei den Mitgliedern überwiegend die Grundlagen fehlten, obwohl der Kurs als fortgeschrittenes Sprachgeschichte-Seminar gedacht war):
"Danke! Ich habe dieses Seminar wirklich genossen und trotz hoher Arbeitsintensität viel Spaß gehabt."
Und schließlich noch eine eMail von einer Studentin aus dem gleichen Kurs – sie war unter jenen wenigen, die sich stets nach hinten setzten und die ich im Laufe des Semesters irgendwie nicht zu erreichen vermochte: *"Ich wollte noch etwas loswerden: Es tut mir leid und ich finde es schade, daß [...] die Beteiligung in diesem Kurs bei Dir nicht so berauschend war. Schade finde ich in erster Linie, daß es scheinbar einigen Studis [...] nicht möglich ist, Freiheiten, Lehrangeboten und Offenheit der Lehrenden zum Vorteil aller zu nutzen. Ich schließe mich da nicht aus, ärgere mich, daß ich diese*

Gelegenheit habe verstreichen lassen." Dass sie mir jedoch dies noch geschrieben hat, zeugt doch von Selbstreflexion, die eine Basis für verbessertes Lernen geschaffen hat.

Eindrücke aus meinem Leben (B.K.): Aus meiner Schulzeit kenne auch ich Zustände, welche denen nicht unähnlich sind, mit denen sich Pepe und seine Freunde sowie deren durchaus oft bedauernswerte Lehrkörper konfrontiert sehen. Solche "Wir gegen die"-Situationen entstanden vor allem immer dann, wenn massiv und kompromisslos Leistungen nach einem vorgegebenen Schema abverlangt wurden und jedweder Verstoß gegen traditionelle Lern- und Arbeitsmuster streng geahndet wurde. Eine Ausnahme stellten die Deutsch-Stunden eines durchaus sehr anspruchsvollen Lehrers dar, welcher – wie mir heute bewusst ist – im Grunde gemäß LdL-Prinzipien mit seinen Schülerinnen und Schülern gearbeitet hat. Ich erinnere mich an zahlreiche Stunden, in denen wir selber in die Rolle des Lehrers schlüpfen mussten bzw. durften: Dies waren besondere Stunden. Alles war anders, die Arbeit war sehr frei, oft laut und chaotisch, aber zum guten Schluss in vielen Fällen erstaunlich produktiv. Das bedeutete keinesfalls lauter gute Noten, aber einen Schritt in unsere persönliche Entfaltung und Freiheit des Denkens. Viele Inhalte aus diesen Stunden sind mir auch heute noch extrem präsent, so dass offenbar eine gewisse Nachhaltigkeit vorhanden zu sein scheint.
Kürzlich wurde mir das große Vergnügen zu Teil, einen Literaturkurs unterrichten zu dürfen, der sich nach anfänglichem Zögern als ganz besonders LdL-kompetent erwies. Ich zitiere aus den Kommentaren, die in der Abschlussevaluation gegeben wurden:
"Bitte halten Sie an Ihrem didaktischen Konzept fest. Es ist ein Lichtblick am grauen Himmel der manchmal extremen Über-Modularisierung."
"Was ich aus dem Kurs mitnehme: Das Seminar war besonders interessant durch die unterschiedlichen Arbeitsformen, mal Workstations, mal Theaterspielen und dergleichen. Es war immer interaktiv und man hat sich getraut, an den Diskussionen teilzunehmen. Sie haben eine sehr entspannte und angenehme Atmosphäre geschaffen, in der man gern seine eigenen Ideen und Lösungsvorschläge preisgegeben hat. Sie standen immer für Fragen zur

Verfügung, was ich sehr schätze. Die Betreuung der LdL-Einheit war toll."
"Bitte behalten Sie die Art bei, wie Sie die Veranstaltung gliedern und durchführen. Vor allem dadurch wurde der Literaturkurs lebendig, abwechslungsreich und interessant."
"Was ich aus dem Kurs mitnehme: Man muss kein typischer Dozent sein, um sein Wissen effektiv zu vermitteln, sondern man kann auch mit einer ruhigen Art und einer Methodik, die den Lernenden Zeit lässt, sehr viel erreichen. Danke für die Hilfe bei der Vorbereitung der Lehreinheit."
"Man kann mehr aus einem Thema herausholen, wenn man sich tatsächlich gemeinsam darüber austauscht, gemeinsam Fehler macht und daraus lernt."

Auf die LdL-Prinzipien geht letztlich auch die Art und Weise zurück, wie wir Beratungsgespräche führen. Man kann freilich die Position vertreten, dass im Universitätsbereich die Lerner erwachsen genug sind, um das richtige für ihr Leben zu finden; Beratungsgespräche wären dann nicht Sache eines Universitätsdozenten. Folgende Vorgehensweise klassifizieren viele Lernende jedoch als Gewinn bringend. Wir bieten zunächst allgemein wiederholt Beratungsgespräche an. Bei einer schlechten Abschlussleistung bitten wir einen Studenten bzw. eine Studentin dann auch direkt zum Beratungsgespräch. Wenn man Studierende nach missglückten Leistungen in die Sprechstunde bittet, haben sie Angst, man würde ihnen vom Studium abraten. Uns aber geht es darum, den Studierenden Hinweise zum selbständigen Entdecken des für sie richtigen Weges zu finden. Das kann sein

- das Entwickeln intrinsischer Motivation
- das Entdecken neuer Lernstrategien, einschließlich des Führens eines Fehlerkatalogs, um Fehler in den verschiedenen Arbeiten zu Fehlertypen zu gruppieren und diese dann gezielt anzugehen (Studierende glauben oft, dass sie Schwierigkeiten haben, weil die Quantität des Lernens nicht stimme; oftmals liegt es aber an der Qualität des Lernens, also den Lernstrategien an sich – manche können nicht Neues an Bekanntes knüpfen ["anchoring"], manche können nicht mehrere Wissenseinheiten zu größeren und damit weniger Einheiten zusammenfassen

["chunking"], manche trauen sich nicht mal, Eselsbrücken zu bilden, wenn diese "sachlich unsinnig", aber eben hilfreich wären)
- das Finden eines anderen Studiengangs
- der Beginn einer außeruniversitären Karriere
- schließlich auch das Akzeptieren schlechter Noten, weil andere Dinge im Augenblick wichtiger sind.

Wir vermeiden in diesen Gesprächen die Worte "Sie müssen ...", sondern verwenden "Vielleicht wollen Sie ...". Bisweilen muss man den Studierenden Zeit geben, bis sie verstehen, was man will. Wenn wir zu fragen beginnen, wie sich jemand erklärt, dass er/sie in allen Kursen durchgefallen war, kann folgende Reaktion aufkommen: "Ach sagen Sie mir doch einfach, dass ich fürs Englisch-Studium nicht geeignet bist." - "Dafür kennen wir Sie doch viel zu wenig. Wir können im Augenblick nur feststellen, dass Sie durchgefallen sind. Und wir wollen Ihnen helfen herauszufinden, warum dies passiert und welche Konsequenzen Sie daraus ziehen wollen." Die meisten lassen sich darauf ein; wenn jemand nicht will, lassen wir ihn auch wieder ziehen.

> **Eindrücke aus meinem Leben (J.G.):** Eine Studentin, die bereits dreimal durchgefallen war, kam zitternd ins Büro. Sofort haben wir ihr gesagt, dass es hier nicht um ein Abraten vom Studium geht, sondern ums Helfen. Sie hat sich allmählich beruhigt, sie hat über Lernstrategien und Probleme, die ein unbelastetes Lernen verhinderten, berichtet, sie hat unsere Fragen und Lösungsansätze zum Nachdenken aufgegriffen, sie hat mehr interessante Aspekte im Studiengang entdeckt und sie wollte uns am Ende fast umarmen. Beim nächsten Versuch hat sie die Klausur bestanden und ihre bessere Leistung auch in nachfolgenden Prüfungen behalten. Sie hat zwar keinen Abschluss gemacht, aber nicht, weil sie durch schlechte Noten dazu gezwungen war, sondern weil sie selbstbestimmt einen neuen Weg wählen konnte.
> Eine andere Studentin bat mich um ein Beratungsgespräch, weil sie in den sprachpraktischen Kursen (Übersetzung und Stilaufsatz) permanent schlechte Noten schrieb. Ich habe ihr darauf hin gesagt, sie solle mir drei ehemalige Übersetzungen und/oder Stilaufsätze geben und habe mir die Korrekturanmerkungen der Kollegen

angesehen. Das Problem war schnell klar: die Studentin hatte gar nicht bemerkt, dass sie immer wieder die gleichen Arten von Fehlern macht. Sie hat dann auf meinen Rat hin, aus ihren Arbeiten einen Fehlerkatalog erstellt, ihre Einzelfehler klassifiziert und an den häufigsten Fehlertypen gearbeitet. Sie wurde bei der nächsten Arbeit sofort um zwei Notenstufen besser.

Eindrücke aus meinem Leben (B.K.): Unter dem Einfluss von LdL hat sich auch mein Beratungsverhalten etwa bei der Vorbereitung von Unterrichtseinheiten geändert. Zu Beginn meiner LdL-basierten Lehrtätigkeit habe ich Studierenden oftmals sehr konkrete Vorschläge zur Gestaltung einer Unterrichtsequenz an die Hand gegeben. Nun allerdings mache ich nicht mehr so viele Vorgaben, sondern lasse die Studierenden zunächst selbst ihren individuellen Weg suchen und greife dann erst gegebenenfalls optimierend ein. Es kommt immer wieder vor, dass man im Rahmen eines Seminars im entsprechenden Seminarplan ein Thema für eine Stunde oder Sequenz angibt, dazu natürlich auch Literaturangaben macht und dann von Studierenden gefragt wird, was sie denn nun eigentlich zu tun hätten. Erst kürzlich sah ich mich einem Team von vier Studierenden gegenüber, von denen eine Studentin mich ratlos fragte: "Sollen wir dann nun alles zusammenfassen?" Die Antwort lautete "Nein". Vielmehr war gefordert, eigenständig zu versuchen, eine These zum Thema der Stunde zu entwickeln und diese dann vorzustellen, um sie gemeinsam mit dem Kurs zu bestätigen oder zu widerlegen.

Wir haben zur Effektivität von LdL bereits gesagt, dass es unabhängig vom konkreten Schulsystem immer einsetzbar ist. Daher interessieren uns Schulsysteme in diesem Buch allenfalls am Rande. Dieser Rand wird aber berührt bei der Frage nach dem Umgang mit Heterogenität, mit der Vielfalt von Fähigkeiten und Förderungsbedarfen. Welches Schulsystem wäre hier besser? Frühe und große Differenzierung als ein Extrem steht einer langen gemeinsamen Schulzeit als anderem Extrem gegenüber. Dazu ein kurzer Kommentar. Analysen zeigen, dass skandinavische Länder, in welchen die Schüler lange gemeinsam in die Schule gehen (ohne in Gymnasium, Realschule und Hauptschule getrennt zu werden), bei PISA gut abgeschnitten haben. Allerdings gibt es ebenso Länder, die eine lange gemeinsame Schulzeit haben und bei PISA schlecht abgeschnitten haben. Denken wir an Deutschland, so hören wir immer wieder, dass Bayern sich mit seiner Dreier-Differenzierung nach Klasse 4 rühmt, das beste Schulsystem Deutschlands zu haben. Dennoch sind wir für eine Verlängerung der gemeinsamen Schulzeit (z.B. nach französischem Modell 9 Jahre Gesamtschule + fakultativ 3 Jahre gymnasiale Oberstufe), wobei es durchaus Differenzierung für individuelle Unterschiede geben darf. Und zwar sind wir solange für ein verlängertes Gesamtschulsystem, solange mit der Dreiteilung eine unterschiedliche gesellschaftliche Wertschätzung der Schüler einhergeht, so lange man an einem Notensystem festhalten will, so lange der Erfolg in diesem System vom Einkommen der Eltern und vom Heimatort der Familie abhängt. Ein solches Kastendenken hat mit Förderung und Chancengleichheit nichts zu tun.

Zusammenfassung

Also: Nicht zur Hölle mit den Paukern. Sondern: Auf eine paradiesische Abenteuerfahrt, manchmal mit Tandemarbeit, manchmal alle in einem Boot – eine Fahrt, bei der Lehrer und Schüler partnerschaftlich mit Toleranz, Empathie und Freude lehren und lernen können.

Wat is en Dampfmaschin?
oder
Sokratisches Fragen und aristotelische Erklärungen

Der von den Schülern "Bömmel" genannte Lehrer Knauer aus dem Film *Die Feuerzangenbowle* ist sicher kein leuchtendes Beispiel eines Lehrers, aber er hat mit einer Technik recht. Er stellt Fragen: "Wat is en Dampfmaschin?", "Wat tut nu de Dampf?". Die Art und Weise, wie er das Fragen und Antworten einbindet, ist freilich bedingt fruchtbringend: er stellt nur seine eigenen Fragen, bindet die Schüler auf keinerlei Weise ein, verweist bei schlecht erklärbaren Dingen aufs Buch ("Wat en Kolben is ... dat steht im Buch").

Eindrücke aus meinem Leben (J.G.): Im Laufe der Jahre habe ich an der Uni festgestellt, dass es etlichen Studienanfängern schwer fällt, Fragen zu stellen. Ich habe sogar festgestellt, dass einige Dozenten Seminar- und Abschlussarbeiten ohne Frage oder Hypothese schreiben lassen. Die Themen gestalten sich nach dem Muster "Mark Twains Huckleberry Finn". Ich fragte eine Studentin, die mir von einem derartigen Thema für ihre Seminararbeit erzählt hatte, wie sie denn vorgehen wolle. Sie meinte, sie wolle erst einfach nochmal den Roman von vorn bis hinten durchlesen. Ich fragte: "Und dann?" – "Dann schau ich in der Literaturdatenbank nach, was es an Begleitliteratur dazu gibt." – "Und dann?" – "Na ja, dann fass ich das zusammen und dann schreib ich meine Meinung dazu." – "Und wenn das 200 Einträge sind?" – "Dann weiß ich auch noch nicht."
Ein zweites Beispiel, das natürlich karikierend ist, aber vom Muster nicht übertrieben ist: Das Thema der Seminararbeit ist der Film

“James Bond 007 – Octopussy”. In der Arbeit werden neben einer Inhaltszusammenfassung auch die Herkunft der Null, das Leben des Octopus und die Rolle des Roger Moore als UNICEF-Botschafter behandelt. Wo’s nur geht, sind einfach ein paar Fachbegriffe eingestreut.

Eindrücke aus meinem Leben (B.K.): Dass es Studienanfängern oft schwer fällt, selber Fragestellungen zu entwickeln, ist sicher nicht von der Hand zu weisen. Vor Jahren beklagte sich eine Studentin in meiner Sprechstunde darüber, dass es ihr so schwer falle, ein Thema für ihre Hausarbeit zu finden. Sie schlug vor, einen Roman nach Blick in die entsprechende Sekundärliteratur allgemein zu analysieren. Um die Formulierung einer genauen Fragestellung gebeten teilte sie mir mit, das wisse sie nicht, sie würde einfach etwas zusammenfassen. Schließlich sei der Roman ja 800 Seiten lang und niemand könne von ihr verlangen, ein ganzes Buch zu lesen. Auch wünschen sich viele Studierende, dass man ihnen ein Thema für die Seminararbeit schlichtweg vorgibt, um sich nicht dem Schrecken der Themenfindung stellen zu müssen. Es wäre schön, wenn man hier mehr Kreativität anstoßen könnte!

Fragen stellen

Lerner sollen einerseits Interesse an ihrem Stoff mitbringen. Das können sie andererseits aber nur, wenn sie auch Fragen an den Stoff stellen können (und dürfen). An das Fragestellen sind viele Lerner in Sekundarschulen und Hochschulen nicht mehr gewöhnt. Bittet man sie auf einem Zettel eine Antwort auf die Frage “Was hat dich an diesem Fach schon immer interessiert bzw. was hast du schon immer dazu wissen wollen?” gibt es durchaus Lerner, denen gar nichts einfällt. Wie an den Anekdoten deutlich wurde, gibt es manche Lehrkräfte, deren Verständnis von Fragenstellen sich deutlich von jedem bei LdL unterscheidet. Bei LdL versuchen wir beständig zum Fragen anzuregen. Dazu muss man geduldig sein. Je größer der Kurs, desto schwieriger ist es, alle dazu zu bewegen. Manche LdL-Neulinge auf Lernerseite verbinden nämlich Fragestellen mit dem Offenbaren von Nichtwissen. Man fragt auch nicht, wenn irgendjemand draußen etwas vorgetragen hat, um denjenigen nicht bloßzustellen oder um selber später bei der eigenen Präsentation nicht bloßgestellt zu werden. Bei LdL dagegen gehen wir weiter. Wenn eine Frage gestellt wird, geben wir diese oftmals an die gesamte Gruppe weiter oder bieten dem Fragesteller Hinweise, die ihn selbst auf die Antwort stoßen lassen. Wenn nun eine Antwort von einem Teilnehmer vorgeschlagen wird, fragen wir gelegentlich nach, wie er denn auf diese Antwort gekommen sei. Mancher versteht dies sofort als Signal, einen Fehler gemacht zu haben und traut sich kaum mehr, etwas zu sagen. "Sagen Sie uns halt einfach die Lösung." Doch was ist das Ziel? Lerner sollen trainieren, sich beim Fragen ausreichend präzise auszudrücken und sich beim Antworten ausreichend präzise auszudrücken. Lerner sollen sehen, dass durch eine Frage nicht nur eine Antwort, sondern neue, detaillierte, speziellere Fragen auftauchen, die einen ins Themengebiet weiter eintauchen lassen. Manchmal werden ja nicht mal die einzelnen Wissensdetails eines Faches in irgendwelche Zusammenhänge gebracht[12]. Erst wenn ich Fragen an meinen Gegenstand habe, kann ich ihn kennen lernen. Lerner sollen üben, bei Laien-Fragen als Experte mit umschreibenden Rückfragen zu prüfen, ob man die Laien-Frage verstanden hat – Experten-Laien-Kommunikation wird also bei LdL als dialogische Herausforderung gesehen, bei welcher dem Experten nicht nur eine beantwortende Aufgabe zukommt. All dies hilft, in einer Welt der Informations- und Wissensgesellschaft effektiver und effizienter zu kommunizieren. Wenn man immer wieder deutlich macht, warum man diese Techniken anwendet, lässt sich verhältnismäßig rasch eine Kultur des Fragens verfestigen. Ein Kind ist neugierig und fragt; so lernt es. Diese Technik wird offenbar nach der Grundschulzeit verlernt oder abtrainiert. Doch erinnern wir uns als Lehrende daran, wie Sokrates durch permanentes Nachfragen seine Gesprächspartner zum Überdenken ihrer Thesen anregte. Erinnern wir uns daran, wie wir selber durch eigenes Fragen, durch die Beschäftigung mit einer Sache, am ehesten zu "Aha"-Effekten gelangt sind und somit am ehesten begreifen konnten. Wir dürfen das im ursprünglichen Wortsinne nehmen: wenn wir etwas selbst im wahrsten Sinne "be-greifen" dürfen, können wir besser begreifen im übertragenen Sinne. Fragen heißt genauer hinschauen, genauer prüfen. Als Hausarbeitsthemen akzeptieren wir nur solche, die tatsächlich eine Frage darstellen (mit einem Fragezeichen am

[12] Vgl. dazu auch Inge Faltins (Faltin/Faltin 2011: 103) Erfahrung, dass gerade ihre Lehrerkollegen mit großem Detailwissen nicht selten keinerlei Begriff von Zusammenhängen hatten.

Ende), die man beantworten kann, oder eine Aussage sind (mit einem Punkt am Ende), die man überprüfen kann. Ein stichwortartiges Thema lassen wir allenfalls als Titel zu einer konkreten Frage oder Aussage zu.

Inhalte hinterfragen

Aber neben dem Fragen gilt auch das Hinterfragen: welche Inhalte sollen gelehrt werden? Dies richtig sich vor allem an jene, die für die Gestaltung des Unterrichts verantwortlich sind. Bleiben wir bei "de Dampfmaschin". Wozu sollen wir wissen, was eine Dampfmaschine ist? Mögliche Antwort: weil die Wirkungsweise der Dampfmaschine grundlegend für weitere Erfindungen war und ist (so wurde wegen der verhältnismäßig emissionsarmen Verbrennung beispielsweise Ende der 1990er Jahre an einer modernen Dampfmaschine für Automobile gearbeitet). Doch die Dampfmaschine ist noch wegen anderer Aspekte bedeutend: sie ermöglichte zunächst die Massenproduktion (vor allem in der Textilindustrie und im Bergbau), später den Massentransport durch die weiteren Erfindungen der Dampflokomotive und des Dampfschiffes. Am Beispiel der Dampfmaschine lässt sich die Entwicklung von konjunkturellen Wellen darstellen. Diese Informationen sind vielleicht sogar wichtiger als die genaue Funktionsweise der Dampfmaschine, so dass dann das Kapitel "De Dampfmaschin" vielleicht besser im Geschichtsunterricht als im Physikunterricht aufgehoben wäre. Am Beispiel der Dampfmaschine lassen sich ja auch wirtschaftsgeschichtliche Mythen genauer beleuchten: beispielsweise, dass die Dampfmaschine für Massenarbeitslosigkeit verantwortlich wäre oder dass James Watt die Dampfmaschine erfunden habe (die Griechen hatten bereits eine erste Dampfmaschine als Spielzeug kreiert, Thomas Newcomen erfand dann 1712 die erste verwendbare Dampfmaschine, diese konnte James Watt dann 1769 nochmal verbessern und dies offensichtlich besser als Erfolg verbuchen).

Wir haben gesagt, dass das Fragen-Dürfen und Fragen-Sollen zu einer besseren Vernetzung und Vertiefung der Fachkenntnisse führt. Eine andere Art von Vernetzung und Vertiefung kann mit einer sehr allgemeinen Frage bewirkt werden, nämlich mit der Frage: "Was kann X für Y leisten?" bzw., wenn die Richtung offen gelassen werden soll, "Wie können X und Y einander nützlich sein?" Dabei sollten X und Y sehr unterschiedlich sein. Zum Beispiel kann man Folgendes verbinden lassen:

- zwei Fächer bzw. zwei Themen zweier Fächer miteinander
- das Fach bzw. ein Thema eines Faches und das persönliche Leben außerhalb der Lernanstalt
- das Fach bzw. ein Thema eines Faches und ein gesellschaftlich aktuelles Problem
- das Fach bzw. ein Thema eines Faches und ein Buch aus einem anderen Fach
- das Fach bzw. ein Thema eines Faches und ein Buch zu einem aktuellen Thema

Zu letzteren kann es eine Liste an fachfremden Büchern geben, die beispielsweise von folgendem Auftrag begleitet wird: "Wie kann sich ein Xler bzw. das Fach X bei zentralen gesellschaftlichen Themen einbringen? Wähle eines der folgenden Werke und beschreibe auf einer halben bis ganzen Seite, wo Du Anknüpfungspunkte für das Fach X siehst, d.h. wo X-liches Wissen für die in den Werken angesprochenen Aspekte nützlich/hilfreich sein kann oder wo die angesprochenen Aspekte für das Fach X nützlich sein können?"

Die Frage "Wozu sollen wir das wissen?" hat uns im Laufe der Zeit dazu gebracht, Kurse, die wir inhaltlich anfangs so übernommen hatten, wie wir das zum Teil selbst kennen gelernt hatten, neu zu gestalten. Stellen wir uns zum besseren Verständnis einen traditionellen Kurs "Einführung in die deutsche Sprachgeschichte" vor: erst behandelt man die Lautwandel vom Indogermanischen zum Germanischen, vom Germanischen zum Althochdeutschen, dann vom Althochdeutschen zum Mittelhochdeutschen, dann vom Mittelhochdeutschen zum Frühneuhochdeutschen, schließlich vom Frühneuhochdeutschen zum Neuhochdeutschen? Aber warum soll uns beispielsweise die zweite, sog. hochdeutsche Lautverschiebung interessieren, bei der *p* zu *pf* oder *ff*, *t* zu *(t)z* oder *ss* und *k* zu *ch* wird? Was nützt mir dies? Mögliche Antworten: 1. Ich kann dadurch verstehen, warum der Berliner *ik* statt *ich* sagt und der Hamburger von der *Waterkant* statt von der *Wasserkante* spricht und insbesondere, dass das Plattdeutsch kein verunglimpftes Standarddeutsch ist, sondern sogar älter als das Standarddeutsche. Nördlich einer bestimmten Region haben nämlich diese Lautwandel nicht stattgefunden.

2. Bei einem systematischen Erlernen dieser Lautwandel kann ich dann auch unbekannte Wörter aus verwandten Sprachen wie dem Englischen und Niederländischen besser interpretieren, z.B. engl. *ape* = dt. *Affe*. Wenn wir dies verstanden haben, dürfen wir uns auch fragen, zu welchem Zweck es sogar getrennte Einführungen für jede einzelne Sprachepoche gibt.

Eindrücke aus meinem Leben (J.G.): An meiner Universität wagte ich den Versuch, neben der Einführung ins Altenglische und der Einführung ins Mittelenglische auch eine allgemeine Einführung in die englische Sprachgeschichte allgemein anzubieten. Dabei gehe ich mittlerweile so vor, dass wir nicht mehr vom Altenglischen zum Neuenglischen gehen, sondern uns eben die neuenglischen Unregelmäßigkeiten herauspicken und fragen, wie es dazu kam. Ein Schüler mag ja durchaus mal folgende Fragen stellen: Warum heißt es eigentlich *men* und nicht *mans*? Warum weicht die Aussprache so sehr von der Schreibung ab? Warum gibt es eigentlich unregelmäßige Verben wie *write-wrote-written* neben regelmäßigen Formen wie *play-played-played*? Für Lehrkräfte wird es vermutlich angenehmer sein, auf solche Fragen vorbereitet zu sein. Aus einer Reflexionsaufgabe zum Einführungskurs in die Sprachgeschichte seien hier die Äußerungen von vier Studierenden genannt (ich übersetze sie gleich ins Deutsche): 1. *"Zu Beginn des Seminars fand ich es schwer, der Lernmethode des Kurses zu folgen, die den praktischen Gebrauch von Theorien umfasste, die wir in den Einführungskursen nur gelernt hatten, ohne sie jemals zu reflektieren. Doch nach einigen Sitzungen, in denen man schwer folgen konnte, begannen die wöchentlichen Vorbereitungen positive Effekte zu zeigen."* 2. *"Als ich mein Englisch-Studium begann, fand ich es seltsam, dass ich in einen Kurs in Historischer Sprachwissenschaft belegen sollte. Ich konnte mir nicht vorstellen, warum jemand, der Lehrer werden und seinen Schülern Gegenwartsenglisch beibringen wollte, ausgestorbene Sprachstufen des Englischen studieren sollte .... Nach Beendigung des Kurses denke ich, dass viele der Themen, die wir diskutierten, für die Schule nützlich sein können. .... Ich fand es besonders interessant zu sehen, wie wir, als niemand eine Antwort auf eine bestimmte Frage wusste, durch zunächst mehr oder weniger "wilde" Raterei gemeinsam die richtige Antwort finden*

konnten." 3. "Ich denke, es war offensichtlich, dass wir zu Beginn eine Menge Probleme hatten, weil die Art von Fragen, mit denen wir uns beschäftigen mussten, für die meisten von uns völlig neu war, aber im Laufe des Semesters gewöhnten wir uns an sie und machten gute Fortschritte. In der letzten Sitzung waren wir in der Lage, ohne besondere Vorbereitung die meisten Fragen nur mit dem Wissen, das wir im Seminar erworben hatten, zu beantworten. .... Ich bin froh, dass ich dieses Seminar gewählt habe, weil ich denke, etwas Nützliches gelernt zu haben."
Wer den Nutzen des Lernstoffes nicht sieht, soll nach dessen Sinn fragen. Ungefähr wie folgt lief ein Dialog zwischen einer Lehramtsstudentin und mir ab: "Herr Grzega, ich weiß doch wie man das *th* in *thank you* ausspricht; warum soll ich dann wissen, dass das ein stimmloser dentaler Frikativlaut ist?" - "Damit wir unseren Schülern auch erklären können, wie man diesen Laut ausspricht, wenn sie damit Schwierigkeiten haben?" - "Aber dann mache ich den Laut doch einfach vor." - "Aber was machst du, wenn der Schüler den Unterschied nicht hört, denn der unbeschwerte Umgang mit Lauten und Lautunterschieden ist in der Regel bereits im Alter von 2 Jahren vorüber." - "Aber dann könnte ich doch auch sagen, dass es ein Laut ist, der an den oberen Schneidezähnen produziert wird, wobei der Luftstrom kontinuierlich durchgeht und die Stimmbänder nicht mitschwingen; dazu brauch ich doch nicht die Fremdwörter." - "Völlig richtig, so oder so ähnlich kann man das einem Schüler erklären. Aber wenn wir uns hier unterhalten, ist es doch ökonomischer, weil schneller, die Fremdwörter bzw. die Fachbegriffe zu verwenden."

Eindrücke aus meinem Leben (B.K.): Gerade im Bereich der Literaturwissenschaft wird von Lehramtsstudierenden oft gefragt, wofür die Beschäftigung mit dieser Fachwissenschaft eigentlich gut sei. Schließlich benötige man in der Schule später eh vor allem sprachpraktisches und linguistisches Wissen. Auch hier möchte ich gern aus den Evaluationen meiner Kurse zitieren, da diese für sich sprechen:
„Ich habe hier die Erfahrung gemacht, dass das interaktive Prinzip eben doch funktionieren kann. Außerdem habe ich auf diese Weise viel über die Kultur des 19. Jahrhunderts gelernt und könnte das nun

auch vermitteln. Literatur ist für mich ein Schlüssel zu dieser Zeit gewesen."
„Literature is alive – you only have to live it."
„Ich habe nun ein breites Hintergrundwissen zur behandelten Epoche und kann selbst auch besser fachwissenschaftliche Inhalte vermitteln."
„Ein Literaturkurs muss nicht langweilig sein. Tatsächlich kann man viele Dinge lernen, die einem einen anderen Blickwinkel auf das eigene Selbst und die eigene Kultur ermöglichen."

Damit viele Dinge begriffen werden können, wird es genügen, exemplarisch einige typische Einzelphänomene herauszugreifen, um sich ein Überblickswissen zu verschaffen. Ein Überblickswissen in möglichst vielen Bereichen ist in einer Wissensgesellschaft lebensnotwendig, weil es neben einer Reihe von Kompetenzen die Grundlage dafür ist, verhältnismäßig schnell zu zeitweiligen Spezialisten für ein bestimmtes Problem, eine bestimmte Arbeitsstelle, ein bestimmtes Projekt zu werden. Andererseits wird es ohne Fachwissen keine Effizienz geben – wenn man alles nachschauen muss, kommt man nicht schnell voran.

Antworten hinterfragen

Wir sind nun also soweit, dass wir verstehen, dass einerseits Kernwissen in vielen Bereichen günstig ist und dass andererseits die Fragekompetenz und die Kompetenz, Hypothesen aufzustellen wichtig ist. Wie beantworte ich nun Fragen bzw. wie überprüfe ich Hypothesen? Schüler möchten am Ende gerne Musterantworten, doch in manchen, vielleicht sogar vielen Fällen gibt es keine Musterantworten, schon gar keine allgemein gültigen Musterantworten. Allenfalls gibt es im Rahmen eines bestimmten Systems Antworten in aristotelischem Stil "Fall A ist ein Typ B mit der Eigenschaft X", gewissermaßen die Nennung des Oberbegriffs plus des den Unterbegriff spezifizierenden Merkmals. Das funktioniert bei klassischen Definitionen. Aber es gilt auch aufzuzeigen, dass Definitionen bei manchen Fällen gut passen, bei anderen weniger, dass es Grauzonen gibt, dass es – wie es in der Psychologie heißt – von einer Kategorie prototypische, also ganz typische Vertreter und daneben mehr oder weniger periphere Vertreter gibt. Es gilt auch aufzuzeigen, dass letztlich alles vermeintlich Objektive selbst in der

Naturwissenschaft willkürlich gewählt ist; die Gruppierung von Dingen in der Welt ist menschlich und subjektiv, auch wenn dies durch die wissenschaftliche Rhetorik manchmal verdeckt wird. Wenn man Schüler und Studenten Gegeneinteilungen zu wissenschaftlichen Klassifikationen entwerfen lässt, fördert dies sowohl Kreativität als auch Ordnungskompetenz. Besonders günstig für solche Klassifikationsübungen hat sich für uns ein Übungstyp erwiesen, der im Englischen "Odd one out" heißt und im Deutschen bisweilen unter dem Namen "Außenseiter" wiedergegeben wird. Dabei gibt man fünf Dinge an: vier davon haben ein gemeinsames Merkmal, dass beim fünften fehlt. Wichtig scheint uns für den Lernprozess dabei, dass folgende Dinge beachtet werden.

① Man lässt nur Lösungen bzw. Aussagen mit Begründungen zu.
② Man prüft die Lösung bzw. Aussage nicht selbst, sondern lässt den Rest der Klasse mit überprüfen.
③ Man lässt keine neuen Lösungsvorschläge bzw. Aussagen zu, solange der gegebene Lösungsvorschlag bzw. die Aussage noch nicht geprüft ist. Das heißt, erst wenn eine vorgeschlagene These als nicht falsifizierbar eingestuft worden ist, geht es mit der nächsten These weiter.
④ Man akzeptiert richtig begründete Lösungen, auch wenn man selbst an diese nicht gedacht hat.
⑤ Man tut Begründungen nicht ab, selbst wenn sie nicht aus dem erwarteten Fachbereich stammen; vielmehr wäre es am Aufgabensteller gewesen, dann den Bereich entsprechend einzuschränken. Natürlich kann dies dann mündlich nachgeholt werden.
⑥ Man bittet um saubere, klare Formulierung.
⑦ Man lässt nur Lösungen zu, bei denen ein Merkmal alle Elemente bis auf eines vereint.
⑧ Das wichtige ist die Begründung an sich; fachsprachliche Ausdrucksweise soll am Ende auch erfolgen, ist aber zunächst als sekundär anzusehen. Die fachsprachliche Ausdrucksweise kann als aristotelisches, schwarz-weißes Entweder/Oder oder als graufstufenhaltiges Mehr/Weniger gestaltet sein.

Ein erfundenes Beispiel: "Posaune, Saxophon, Trompete, Tuba, Waldhorn – was gehört nicht dazu?". Aufgabenstellerin Anja erwartet: "Saxophon, weil es ein Holzblasinstrument ist, während die anderen Blechblasinstrumente sind" – sie will also daran erinnern, dass es bei dieser Einteilung auf das Material des Mundstücks, nicht des Restes ankommt. Das Ganze könnte dann wie folgt bei einer ungeübten LdL-Klasse ablaufen, bei der die Lehrkraft noch öfter eingreifen muss. Die Lehrkraft sollte sich allerdings so schnell wie möglich aus einer Diskussion wieder zurückziehen und die Moderation wieder an den Lernerexperten abgeben. Die eingekreisten Nummern nehmen Bezug auf die obige Liste.

Anja: "Posaune, Saxophon, Trompete, Tuba, Waldhorn – was gehört nicht dazu? Bettina."
Bettina: "Waldhorn".
Anja: "Nein."
Lehrkraft: "Wieso? ①Du hast Dir doch gar nicht die Begründung angehört. ②Beziehe außerdem bitte die anderen mit ein."
Anja: "OK, warum Waldhorn, Bettina?"
Bettina: "Weil es das einzige ist, dass sich aus zwei Wörtern zusammensetzt."
Die anderen lachen. Christian meldet sich.
Anja: "Christian."
Christian: "Saxophon."
Die anderen nicken.
Anja: "Ja, warum?"
Lehrkraft: "Moment. ③Können wir bitte zuerst überprüfen, ob Bettinas These stimmt?"
Anja: "Hmm... es stimmt schon irgendwie, aber das hab ich ja nicht gemeint. Wir haben ja jetzt Musik und nicht Deutsch."
Lehrkraft: "OK, ④⑤dann sollten wir also zunächst prüfen, ob die Aussage stimmt und dann sagen, dass wir uns in der Aufgabe nicht auf Wörter, sondern auf die Instrumente beziehen, die mit diesen Wörtern bezeichnet werden. Und man kann überlegen, ob zukünftig die Aufgabenstellung nicht gleich präziser gefasst werden sollte."
Anja: "OK. ④⑤Also, Bettina, Du hast recht, dass "Waldhorn" aus zwei Wörtern besteht, aber es soll hier jetzt um die Instrumente gehen, nicht um die Wörter an sich."
Bettina: "OK."

Lehrkraft: “OK, jetzt zum nächsten Vorschlag. Christian hat schon einen gemacht.”

Anja: “Ja, Christian, sag’s bitte nochmal, mit Begründung.”

Christian: “Das Saxophon, weil es das einzige Instrument ist, bei dem man zum Spielen beide Hände braucht.”

Anja und die anderen stutzen. Dorothea meldet sich und wird aufgerufen.

Dorothea: “Die Antwort stimmt schon, aber die Begründung ist falsch.”

Anja: “Genau.”

Lehrkraft: “Moment. Antwort richtig, Begründung falsch, das gibt’s nicht. Entweder ist die Begründung nachvollziehbar oder nicht. Was ist an Christans Begründung falsch?”

Dorothea: “Na ja, es nicht falsch, aber es ist halt nicht die übliche Einteilung.”

Lehrkraft: “Ist es richtig oder falsch?”

Bettina: “Hmm, eigentlich braucht man ja für die anderen Instrumente auch beide Hände, zumindest zum Halten.”

Lehrkraft: “Aha.”

Christian: “Nein, ich mein doch, das Saxophon ist das einzige Instrumente, bei dem man zum Spielen alle Finger braucht.”

Lehrkraft: “⑥Das hast Du gemeint, aber nicht gesagt. Lasst uns versuchen, uns möglichst klar auszudrücken beziehungsweise durch Nachfragen prüfen, ob alle das gleiche darunter verstehen. Stimmt die Antwort jetzt?”

Anja: “Dorothea!”

Dorothea: “Ja.”

Lehrkraft: “Christians Beschreibung ist richtig. Aber dennoch fehlt etwas: ⑦Was ist das Merkmal, das den anderen vier gemeinsam ist?”

Christian: “Dass sie nicht alle Finger brauchen.”

Lehrkraft: “Gilt nicht, denn das kann man ja immer sagen, eines hat Merkmal X, die anderen nicht. Wir brauchen es aber eher umgekehrt: eines hat Merkmal X nicht, die anderen schon bzw. eines hat Merkmal X, die anderen Y.”

Christian: “OK, dann habe ich keine Begründung.”

Lehrkraft: “Anja, moderiere weiter.”

Anja: “OK, Dorothea, Du hast gesagt, Saxophon ist ein Holzblasinstrument. Was meinen die anderen?”
Lehrkraft (leise, aufbauend): “Gut, Anja.”
Dorothea: “Die anderen sind Blechblasinstrumente.”
Emil: “Aber ein Saxophon ist doch auch aus Blech.”
Anja: “Hm, stimmt eigentlich. Dorothea?”
Dorothea: “Weiß nicht. Ich hab halt gedacht, es stimmt.”
Lehrkraft: “Versuch Deinen Vorschlag zu verteidigen. Wie kommst Du drauf?”
Dorothea (als gute Auswendiglernerin): “Es stand halt so im Buch.”
Lehrkraft: “OK, man kann also sagen, gemäß der Einteilung unseres Buches ist es so. Wäre eine Begründung. Aber vielleicht können wir's noch eingehender betrachten. Worauf beruht denn diese Einteilung im Buch? Anja, moderiere weiter.”
Anja: “Dorothea, worauf beruht diese Einteilung?”
Dorothea: “Weiß nicht, da hab ich mir keine Gedanken gemacht.”
Anja: “Felix, Du hast Dich gemeldet.”
Felix: “Das Mundstück ist beim Saxophon aus Holz.”
Anja: “Was meinen die anderen?”
Die anderen nicken.
Anja: “OK, da gibt's also keine Einwände. Dann ist das eine richtige Lösung. Gibt's noch andere Lösungen?”
Lehrkraft: “Gut, Anja.”
Anja: “Gitta!”
Gitta: “Das Waldhorn ist das einzige, das kein typisches Big-Band-Instrument ist. Da haben wir doch mal vor ein paar Wochen Besetzungen von Musikgruppen gemacht.”
Hans: “Ich weiß auch noch was.”
Anja: “Moment, Hans, erst müssen wir Gittas Lösung klären. Was meinen die anderen?”
Bettina: “Aber die Tuba ist doch auch kein typisches Big-Band-Instrument.”
Anja: “Gitta, kannst Du Deine Antwort verteidigen?”
Gitta: “Doch, die wird in der traditionellen Besetzung manchmal als Ersatz für den Bass genommen.”
Bettina: “Ach ja, richtig. ⑥Aber es ist darum auch kein typisches Big-Band-Instrument mehr.”

Gitta: “Gut, dann sage ich, das Waldhorn gehört nicht zur klassischen Big-Band-Besetzung.”
Bettina: “OK.”
Anja: “OK. Hans, jetzt Du.”
Hans: “Ich weiß aber nicht, wie der Fachbegriff ist.”
Anja: “⑧OK, das klären wir später. Bring erst mal Deine Begründung.”
Hans: “Das Saxophon ist das einzige, das nicht zur Besetzung von großen Orchestern im 19. Jahrhundert gehört. Aber ich weiß nicht mehr, wie man diese Art Orchester nennt.”
Anja: “OK, erstmal: Stimmt die Begründung, hat jemand Gegenargumente? Niemand? OK, die Begründung ist also überzeugend. Jetzt zur Frage, wie nennt man diese Art Orchester?”
Dorothea: “Sinfonieorchester!”

Und so werden Inhalte und Begriffe weiter wiederholt und vertieft, und zwar immer mehr ohne Einschreiten der Lehrkraft. Dass die Lerner am Anfang nicht gleich in der beabsichtigten Weise miteinander kommunizieren und die Lehrkraft des Öfteren einschreiten muss, ist kein Zeichen dafür, dass LdL in dieser Klasse nicht funktioniert, sondern dass LdL gerade notwendig ist, damit die Lerner Fragekompetenz, deklaratives Fachwissen (Faktenwissen) und prozedurales Fachwissen (Handlungswissen) sowie Empathie, Toleranz, Moderationskompetenz, terminologische Kompetenz und Kreativität einüben können.

Es sei hiermit auch gezeigt, dass LdL nicht nur – wie manche glauben – bei Themen oder Fächern eingesetzt werden kann, in denen es um Wiedergabe von Meinungen geht, sondern dass es gerade auch das Denken schärft, wenn es um Themen mit mehr oder minder scharfen Begrifflichkeiten geht. Die beiden Geographie-Didaktiker Johannes Häbel und Volker Kaminske sagen über LdL[13]: “Mit dieser Methode lässt sich das Lernen nichtverstandener ‘Begriffshülsen’ verringern bis vermeiden”. Manchmal stellt man fest, dass gute Auswendiglerner sich erst an diese Art des Unterrichts gewöhnen müssen. Es ist nämlich Ziel von LdL, dass Fakten- bzw. Definitionswissen nicht nur reproduzierbar wird, sondern dass dieses auch reflektiert wird. Es sollte beides zusammenkommen: Wissensstrukturen übernehmen, aber auch die

13 Häbel/Kaminske (2009: 49).

Erkenntnis, wie die Strukturen entstanden sind, dass man sie aufbrechen könnte und wie man sie aufbrechen könnte.

Deswegen achten wir auch darauf, dass in Klausuren unterschiedliche Aufgabentypen vorkommen. Es werden alle vier Aufgabentypen der Terminologie des Deutschen Bildungsrates eingebaut:

1. Reproduktion = gedächtnismäßige Wiedergabe des Gelernten
2. Reorganisation = selbstständige Verarbeitung und Anordnung des Gelernten
3. Transfer = selbstständige Anwendung des Gelernten auf neue Fälle
4. Problemlösung = kritische Bewertung des Gelernten sowie das Auffinden neuer Lösungsansätze

Eindrücke aus meinem Leben (J.G.): Wir befinden uns in einer Einführung in die Sprachgeschichte. Alle TeilnehmerInnen sind bereits LdL-erfahren. Bei der Partnerarbeit bzw. Kleingruppenarbeit geht es konzentriert zu. Ich beobachte jedoch, dass in einer Gruppe aus zwei Studenten und einer Studentin die beiden Männer sich in der Aufgabenbearbeitung sehr extrovertiert zeigen und ihrer Mitstudentin meistens die Lösung stolz präsentieren, während sie immer in der Rolle der weniger guten Teilnehmerin ist. Auch im Plenum wird deutlich, dass sie nicht alles selbst erfasst hat. Gebe ich ihr aber etwas Zeit und ein wenig Unterstützung, kommt auch sie selber auf eine Lösung und deren Begründung. Diese Zeit zum eigenständigen Nachdenken erhält sie jedoch in der Arbeit zu dritt nicht. Also schalte ich vor die Phase der Teamarbeit noch eine Phase der Einzelarbeit, in der alle zunächst für sich, mit individuellen kognitiven Wegen und nach individuellem Tempo über eine Sache nachdenken sollen. Erst dann werden im Team und schließlich im Plenum Lösungen ausgetauscht. Mit dieser Methode – sie wird meist mit *Think-Pair-Share* bezeichnet – schafft es die Studentin in wenigen Stunden, das Stoffgebiet mit seinen wenigen Grundprinzipien vollständig und selbstsicher zu erfassen. Bei einer von mir vorbereiteten Wiederholungsübung nach den Pfingstferien geht es ihr sogar zu langsam voran. Im Scherz biete ich ihr an, die Leitung zu übernehmen. Sie nimmt dies an und erfüllt die Aufgabe mit Bravour.

Eindrücke aus meinem Leben (B.K.): Ich greife auch hier auf den Kommentar einer Studentin zurück: *„Am Anfang war ich geschockt von den Methoden. Aber wenn man sich einmal daran gewöhnt hat und seine Schüchternheit überwindet, macht dieses kreative Arbeiten viel Spaß. Ich habe noch in keinem Kurs so wenig aufgeschrieben und trotzdem so viel Stoff behalten. Vor allem das Theaterspielen war toll; so konnte ich mir viele Dinge merken, weil ich sie gesehen und erlebt habe.“* Der Versuch des tatsächlichen Begreifens statt des bloßen Auswendiglernens mag gelegentlich schwerfallen, lohnt sich aber.

Zusammenfassung

Fragen und Hinterfragen sind also zentrale Aktivitäten in einem LdL-Unterricht. Sie dienen dem Beurteilen der Relevanz von Inhalten und dem Vertiefen von Inhalten. Mit kleinen Frage-Antwort-Schritten tastet man sich ans Ziel heran und lernt ein ganzes Gebiet nach immer mehr Details zu durchforsten – methodisch und inhaltlich.

Justus
oder
Die Gerechtigkeit des Lehrers

Justus, lateinisch für 'der Gerechte', ist der Spitzname, den die Schüler aus dem Film *Das fliegende Klassenzimmer* dem Lehrer Dr. Bökh geben, weil sie ihn als gerecht empfinden. Das Streben nach Gerechtigkeit ist in unserer Arbeit ebenfalls zentral. Auch im Film *Die Feuerzangenbowle* hat den Gymnasialprofessor Crey, von den Schülern "Schnauz" genannt, diese Frage zu seinem Buch *Die Gerechtigkeit des Lehrers unter besonderer Berücksichtigung der höheren Lehranstalten* inspiriert. Doch was ist Gerechtigkeit? Was ist eine gerechte Lehrkraft? Crey führt im Film folgendes Bild an: "Mit der Schule ist es, wie mit der Medizin: sie muss bitter schmecken, sonst nützt sie nichts". Des Weiteren meint er, "dass das wissenschaftliche Streben um den vorgeschriebenen Lehrstoff getragen werden muss einerseits von dem Verständnis und der Fürsorge des Lehrers für den ihm anvertrauten Schüler, andererseits von der Ehrfurcht und unbedingten Hochachtung des Schülers vor seinem Lehrer". Verständnis und Fürsorge sind auch Schlüsselbegriffe für das Verhalten von "Justus" Bökh. Sowohl bei Crey als auch bei Bökh gibt es auch die bitteren Geschmackstropfen von Schule (Schulordnung und Lehrplan), aber Bökh versucht diese Tropfen immer mit großen Zuckerstückchen zu versüßen, ohne Ordnungen missachten zu müssen. Auch Crey strebt danach, die Medizin Schule ab und an mit einem Stück Zucker zu verabreichen – so in der Szene mit dem selbstgemachten Heidelbeerwein.

Eindrücke aus meinem Leben (J.G.): Zunächst drei Erzählungen aus meiner Schulzeit:

- Ein Deutschlehrer meinte einmal zu einer Schülerin: "Das war ein wunderbarer Aufsatz, aber ich kann Dir nur eine 3 geben, weil Du bei meinem Kollegen letztes Jahr im letzten Aufsatz eine 5 gehabt hast. Ich kann Dir da jetzt nicht mehr als zwei Noten besser geben, denn das kann ja nicht sein, dass jemand so sprungartig besser wird."

- Ein Latein-Lehrer zog Zeitstrafenpunkte ab, wenn ihm eine Antwort zu lange dauerte.
- Mathematik-Lehrkräfte an den beiden Schulen, an denen ich Schüler war, verteilten Klausuren gerne nach Ergebnissen geordnet, d.h. der beste erhielt zuerst seine Klausur zurück, der schlechteste zuletzt. Damit auch jeder wusste, welche Note der schlechteste nun hatte, wurde zusätzlich der Notenspiegel auch noch an die Tafel geschrieben. Ich habe das damals als nicht richtig empfunden. Ich bedaure es heute, hier nicht mutig genug gewesen zu sein, meine Stimme zu erheben.

Nun ein Blick in die Universitätswelt:

- Ein moderner Leistungsnachweis ist das Portfolio. Ein Portfolio ist eine Zusammenstellung von obligatorischen und fakultativen Arbeiten. Die Zusammenstellung soll die Beteiligung der Lernenden an der Auswahl des Inhalts, die Kriterien für diese Auswahl, die Bewertungskriterien und den Nachweis von Selbstreflexion und Progression seitens der Lernenden enthalten[14]. Idealerweise kann man Portfolio-Leistungen auch bei späteren Bewerbungen einsetzen. Dieser Leistungsnachweis ist auch ideal für das Konzept LdL. Einige Kollegen sind der Ansicht, dass der mögliche Einsatz in der Berufswelt ausreichend Qualitätsanreiz biete, und glauben daher, dass es genüge nur einen Bestandteil des Portfolios zu korrigieren. Die Studierenden aber sind unzufrieden, brauchen sie doch Feedback, um zu sehen, wo noch Verbesserungsbedarf ist bzw. wie sie sich gegenüber einer früheren Arbeit verbessert haben. Schließlich befinden sich die Studierenden ja noch im Training.
- Ein weiterer moderner Leistungsnachweis an Universitäten ist die Projektarbeit, bei der am Ende auch eine öffentliche Präsentation steht. Auch hier gibt es Kollegen, die der Ansicht sind, dass die öffentliche Präsentation genug Anreiz für Bemühungen um Qualität sei. Doch auch hier brauchen die

[14] Vgl. dazu etwa Häcker (2007).

Studierenden Unterstützung – damit sie sich später in der Öffentlichkeit nicht blamieren. Auch hier befinden sich die Studierenden noch im Training.

- Bei den sprachpraktischen Prüfungen (Übersetzung und Essay) zeigten verschiedene Tests einer Kollegin, dass bei Vorlage einer Übersetzung und eines Essays die Benotungen ein und derselben Arbeit durch die Fachkollegen das Notenspektrum von Note 1 (sehr gut) bis Note 5 (mangelhaft) abdeckten. Folge: aufgeregte Diskussion an diesem Tag. 15 Jahre später: Der gleiche Versuch ergibt noch immer das gleiche Bild.
- Um sich gegen Einsprüche der Studierenden zu wappnen, wurde für einige Klausuren sogar bayernweit empfohlen, man möge die Bewertung möglichst wenig konkret begründen; einfache Fehlerstriche würden genügen. Die Folge: die Beschwerden sind nicht weniger, aber schwieriger zu bearbeiten, weil in den Einsprüchen viel mehr Korrekturen hinterfragt werden, was nun im Nachhinein das Erstellen von Begründungen bedingt.
- Nach der gelungenen und offenbar arbeitsintensiven Präsentation einer Studentinnengruppe macht der Dozent darauf aufmerksam, wie man bestimmte Aspekte noch besser hätte machen können. Enttäuscht meinen die Studentinnen: "Wir geben uns so viel Mühe und Sie sind nie zufrieden." Der Übeltäter war ich selber. In meinen Anfangsjahren war ich immer sehr damit beschäftigt, die Studierenden noch besser und noch besser strahlen lassen zu wollen, und wollte ihnen daher eine Reihe von Verbesserungsvorschlägen mitgeben. Vergleichbar mit der Montessoripädagogik, wo sowohl "Bestrafung" als auch "Belohnung" abgelehnt werden, damit Schüler rein aus der inneren Motivation heraus lernen, sprach ich praktisch kein Lob aus, suchte aber auch zu vermeiden, etwas als "schlecht" zu bezeichnen. Die Studierenden, die in ihrer Erwartungshaltung meinen Kommentar in ihr Weltbild "Urteil gut/schlecht" einordneten, sahen dagegen, dass ich nicht lobte, sondern nur schimpfte. Seit diesem Ereignis achte ich besser darauf, dass auch die guten Aspekte deutlich hervorgehoben werden. Ich versuche dies aber meist mit Bezug auf konkrete Aspekte statt einer pauschalen Äußerung wie "sonst war's schon gut". In jedem Falle versuche ich zu vermitteln, dass die Lerner letztlich

nicht etwas machen sollen, um mir zu gefallen, sondern um mit sich zufrieden zu sein. Sie sollen entscheiden, ob sie meine Empfehlungen annehmen wollen; allerdings muss auch ich mit meiner Arbeit zufrieden sein und dazu zählt, dass die Gesellschaft von mir Absolventen bekommt, die in der Wissensgesellschaft gut zurechtkommen.

Eindrücke aus meinem Leben (B.K.): In meinem ersten Jahr als Universitätsdozentin sah ich mich plötzlich mit der Aufgabe konfrontiert, Hausarbeiten bewerten zu müssen. In der Literaturwissenschaft, so die Meinung vieler Studierender, sei ja im Grunde alles erlaubt, sofern man es denn begründen könne. Dass dies nicht der Fall ist, liegt auf der Hand. Ich habe, um mir die Arbeit zu erleichtern und den Studierenden die Bewertung ihrer Leistungen sowohl in schriftlichen wie auch in mündlichen Prüfungen transparent zu machen, für jede Prüfung im Vorfeld ein festes Punkteschema, anhand dessen die Benotung dann übersichtlich erfolgen kann.

Drei Themen sind es im Wesentlichen, die bei der Frage, was eine gerechte Lehrkraft ist, eine Rolle spielen: der Lernaufwand, die individuelle Lernerunterstützung und schließlich die Leistungsnachweise.

Gerechter Lernaufwand

Der Zeitaufwand bei LdL ist im Vergleich zu traditionelleren Unterrichtskonzepten manchmal höher, manchmal auch nicht mehr. Wenn er messbar höher ist, ist es für die Lerner manchmal dennoch kein Problem, weil sie den Nutzen für sich als stärker empfinden (bisweilen sogar ganz unbewusst). Sollten die Lerner Schwierigkeiten damit haben, dass bei anderen Lehrkräften (vor allem in Parallelklassen) nachweislich deutlich weniger Zeitaufwand nötig ist, schieben wir eine Diskussion ein, indem wir gemeinsam die Wertigkeit des Nutzens, die Lernziele und die Notwendigkeit des Aufwandes ansehen. Gegebenenfalls überprüfen wir dann, wie der Zeitaufwand reduziert werden kann (z.B. durch Verlegung von Vorbereitung in die Unterrichtszeit hinein, durch Reduzierung von vorzubereitenden Informationen, durch Reduzierung der Leistungsnachweise).

Gerechte Lernerunterstützung

Manche Lehrkräfte missverstehen Lernerautonomie insofern, als sie dem Lerner bei einer Aufgabe die Unterstützung mehr oder weniger verweigern, egal ob es sich lediglich um die Frage nach den Beurteilungskriterien handelt oder um eine Bitte nach sehr konkreter Zuarbeit. Oft betrachten Lerner dies nicht als Freiheit, sondern als Alleingelassen-Sein. Bei LdL geben wir die Bewertungskriterien selbstverständlich bekannt. Dazu weiter unten noch mehr. Wir geben Feedback zu Unterrichtsideen und wir geben Tipps zu Informations- und Wissensquellen, aber wir erledigen keine konkreten Teilaufgaben, die die Studierenden übernehmen sollen. Wie reagiert man auf eine Äußerung wie: "Ich habe schon im Internet und in der Bibliothek nachgeschaut, aber nichts Passendes gefunden"? Wir fragen nach, wie genau die Suche erfolgt ist. Sollte die Suche eigentlich schon sehr professionell gewesen sein und es ist zufällig nichts Passendes entdeckt worden, geben wir konkrete Tipps; ist die Suche noch unprofessionell verlaufen, geben wir zunächst Tipps zur Verbesserung der Kompetenz, Informations- und Wissensquellen aufzuspüren. Wir helfen bei von Studierenden unverschuldeten Notfällen. In diesen Fällen wird der individuell verschiedene Betreuungsaufwand von Studierenden in der Regel nicht als ungerecht empfunden.

Gerechte Leistungsnachweise

Der dritte und vielleicht diffizilste Aspekt sind die Leistungsnachweise. Bei LdL ist es so geregelt, dass die Zahl der "echten" Noten möglichst gering gehalten wird – allerdings nicht so gering, dass man eine Note, die durch eine schlechte Tagesform zu Stande gekommen ist, nicht mehr ausgleichen könnte. Die Unterrichtssequenzen, die die Lernenden vorbereiten, werden gerade am Anfang als Training gesehen. Training wird nach unserer Vorstellung nicht mit einer "echten" Note, sondern mit Feedback bzw. allenfalls mit einer Info-Note versehen. Allenfalls lassen wir, wenn jemand zwischen zwei Noten steht, in die Endnote mit einfließen, dass sich einer über- oder unterschnittlich bei seiner Unterrichtssequenz engagiert hat. Nach einigem Training kann man dann auch die Leistung der Unterrichtsleitung bewerten. Dabei sollten dann gerade solche Kompetenzen im Vordergrund stehen, die in Klausuren, mündlichen Prüfungen, Aufsätzen oder Hausarbeiten wenig oder gar nicht berücksichtigt werden: nämlich die nicht-fachspezifischen Kompetenzen wie Teamkompetenz, Moderationskompetenz, Kreativität (letztere ist freilich schwer zu beurteilen, am Besten vielleicht, wenn man die Quantität innovativer Aspekte zu Grunde legt). Dies muss natürlich mit den Lernenden abgesprochen sein, und die Lernenden sollten über die Beurteilungskriterien genau aufgeklärt sein.

Damit haben wir eine Frage angerissen, die nicht nur für LdL relevant ist. Was ist eine gerechte Leistungsmessung und -beurteilung? Das Wichtigste ist: Aufgabenstellung und Beurteilungskriterien müssen erwartbar und Korrekturen müssen nachvollziehbar sein. Im Allgemeinen werden Lehrkräfte nach unseren Beobachtungen im Referendariat recht gut auf schriftliche Prüfungen vorbereitet und es gibt Absprachen im Kollegium einer Schule. Weniger jedoch werden Lehrer auf mündliche Prüfungen oder gar Projekte vorbereitet. In der Hochschullehre Tätige durchlaufen diesbezüglich keine automatische Aus- oder Fortbildung; sie müssen natürlich die formaljuristischen Vorgaben beachten, und selbst hier gibt es reihenweise Verstöße. Manchmal gibt es Absprachen im Kollegium, manchmal nicht. Bei einer Fragebogenstudie, die mit Zustimmung und Ablehnung von Aussagen arbeitete, ergab sich unter Eichstätter Studierenden bei folgenden Aussagen zur Frage "Was sind gerechte Prüfungen?" deutliche Ablehnung:

Prüfungsleistungen allgemein

- Wenn ich die Wahl hätte, hätte ich lieber die Situation, dass keine Prüfung schlechter als 2 bewertet wird, als die Situation, dass es gerechte Prüfungen (mit dem vollen Notenspektrum) gibt.
- Prüfungen sollten nicht nur Fachwissen, sondern auch andere Kompetenzen wie z.B. Sozialkompetenz, Kreativität und Ausdrucksfähigkeit abprüfen. [N.B.: Dies wurde ja in der Regel zuvor auch nicht trainiert.]

Klausuren

- Eine Auswahl an Fragen bei Klausuren führt zu unfairen Bedingungen.

Mündliche Prüfungen

- Mündliche Prüfungen sind die fairste Form der Prüfung.

Deutliche Zustimmung ergab sich dagegen bei folgenden Aussagen:

Prüfungsleistungen allgemein

- Durch Prüfungen soll sich der Dozent ein Bild vom Leistungsstand des Studenten machen können.
- Durch Prüfungen soll sich der Student ein Bild von seinem Leistungsstand machen können.
- Durch Prüfungen soll der Student für spätere Abschlussprüfungen trainiert werden.
- Prüfungsbewertungen sollten zeigen, wie sehr die Leistung des Studenten den Erwartungen an Studenten seiner Stufe entspricht.
- Bei der Benotung sollten auch die Leistungen aus dem Unterricht mit berücksichtigt werden, um "Tagesform"-Noten zu vermeiden.
- Der Dozent sollte eine Liste von häufigen Fehlern bei Prüfungen herausgeben.
- Der Dozent sollte sagen, welche Schwächen man wie beheben kann.
- Der Dozent sollte mit dem Studenten gemeinsam Wege erarbeiten, um Defizite auszugleichen.
- Es sollte Einstiegs- und Abschlussprüfungen geben, um den Lernfortschritt zu messen (nicht den Lernstand zu einem bestimmten Zeitpunkt).
- Prüfungen sollten als Einzelleistungen nicht überwertet werden, sondern mit den übrigen Beiträgen eines Studenten in einer Veranstaltung verrechnet werden.
- Dozenten sollten offen sein für Prüfungsformen, die dem angestrebten Beruf näher sind (z.B. journalistische Beiträge, Unterrichtskonzepte, Internetplattformen)

Klausuren

- Bei Klausuren sollte es eine Auswahl an Fragen geben.

Seminararbeiten

- Der Dozent sollte eine Themenliste vorgeben. (Anmerkung: Dies erklärt sich daraus, dass Studierende es als anstrengend empfinden, eine Frage zu formulieren. Wir geben nur grobe Themen vor und geben dann Feedback, ob die von den Studierenden formulierten Fragen für den zeitlichen Rahmen und das erwartete Niveau geeignet sind.)
- Der Dozent sollte ein bestimmtes Layout vorgeben.

Referate

- Referate sollten dann als gut bewertet werden, wenn die Studierenden aktiv mit einbezogen werden.

Mündliche Prüfungen

- Bei mündlichen Prüfungen sollten Spezialthemen ausgemacht werden, über die dann tiefgehend gefragt werden kann.

- Mündliche Prüfungen sollten als Gespräch über kleine wissenschaftliche Probleme bzw. Fragen ablaufen.
- Wenn ich auf dem Holzweg bin, soll mich der Prüfer lieber gleich unterbrechen als mich meine Antwort zu Ende geben zu lassen.
- Bei reinen Abfrageaufgaben wären mir Klausuren lieber.

Diese Aussagen geben bereits eine Reihe von Hinweisen für die Gestaltung von Leistungsnachweisen im universitären Bereich. Hervorgehoben sei ferner nochmal, dass ganz allgemein gilt: Aufgabenstellung und Beurteilungskriterien sollten erwartbar und Korrekturen nachvollziehbar sein. Dies ist umso wichtiger, je offener Aufgaben gestellt sind. Erwartbar ist eine Aufgabe vor allem dann, wenn der Aufgabentyp vorher trainiert worden ist. Vorheriges Üben eines Aufgabentyps gibt im Übrigen auch der Lehrkraft ein Gespür dafür, ob sie Aufgaben eindeutig stellt. Was im normalen Unterricht wichtig war, soll auch in der Prüfung wichtig sein. Ein LdL-spezifisches Problem ist jedoch, dass in den meisten Prüfungsverordnungen Prüfungstypen, die über das Abprüfen fachspezifischer Kompetenzen hinausgehen, nur ein Mauerblümchendasein fristen. Repräsentanten wären Portfolio und Projektarbeit. Ein Portfolio ist – wie oben bereits gesagt – eine Zusammenstellung von obligatorischen und fakultativen Leistungen. Verschiedene Kompetenzen können damit trainiert werden. In jedem Falle sollen Aspekte von Selbstreflexion und Progression enthalten sein. Hier einige Beispiele für Portfolio-Elemente, die neben Leitung einer Unterrichtssequenz im Team noch aufgenommen werden könnten.

- Ich habe eine Einschätzung über die Entwicklung meiner Fähigkeiten im Laufe der Unterrichtswochen gegeben.
- Ich habe eines der Bücher der nicht-fachspezifischen Lektüreliste gelesen und auf ca. x Zeilen innovative Ideen zur Verknüpfung von Fachwissen und den Inhalten des Buchs entwickelt. Eine Begründung für die Auswahl des Buchs habe ich gegeben.
- Ich habe in der (englischen oder deutschen) Wikipedia ca. x Zeilen zu einem bereits bestehenden Artikel (oder mehreren Artikeln) beigetragen oder einen neuen Artikel verfasst (Wikipedia-Artikel ausdrucken und Beitrag markieren).
- Ich habe eine Unterrichtseinheit von x Min. zu einem weiterführenden Thema meiner Wahl für eine Zielgruppe meiner Wahl

konzipiert (mit Zeitschiene, Teilzielen/-inhalten, Methodik/ Technik und Lehrmaterial).

- Ich habe für einen Klassenkameraden eine Probeklausur erstellt (mit Begründung zur Aufgabenauswahl, Erwartungshorizont und Beurteilungssystem).

In der Schule kann man Portfolios so einbauen, dass man die Vorstellung eines Portfolios vor der Klasse als mündlichen Leistungsnachweis sieht. Gleiches gilt für Projektarbeit. Ein Projekt ist nach DIN-Definition "ein Vorhaben, das im Wesentlichen durch die Einmaligkeit der Bedingungen in ihrer Gesamtheit gekennzeichnet ist". Üblicherweise gibt es nach der Projektdefinition und -planung zur Projektdurchführung eine Auftaktveranstaltung (Kick-Off-Meeting), zwei oder mehrere Projektphasen mit abschließenden Zwischenergebnissen (Meilensteinen) und eine Abschlussveranstaltung, bei der etwas öffentlich präsentiert und ein Produkt veröffentlicht wird. Man kann Projektarbeit dem klassischen Unterricht wie folgt gegenüberstellen:

Merkmale klassischer Unterrichtsformen	*Merkmale von Projektarbeit*
fremdgesteuerte Lernende	selbstgesteuerte Lernende
Lernen im Modus "Als ob"	authentisches Problem (von Lernenden [mit-]formuliert)
Verantwortung primär bei Lehrkraft	Verantwortung beim Projektteam
Lehrkraft als Wissensquelle und Wissensvermittler	Lehrkraft und Schüler bzw. Studierende als Wissensquellen und Wissensvermittler; auch Lehrkraft lernend
auf spezifisches Fachwissen fokussiert	auf übergreifende Probleme und Handlungen fokussiert
curriculumsorientierter geschlossener Verlauf	prozessorientierter offener Verlauf
abstrakt, enzyklopädisch, systematisch, theoretisch	konkret, fallbezogen, situativ
Lernen im Unterrichtsraum und im häuslichen Zimmer	Lernen im Unterrichtsraum, im häuslichen Zimmer, in der Schule insgesamt, außerhalb der Schule

Merkmale klassischer Unterrichtsformen	*Merkmale von Projektarbeit*
Tageslichtprojektor, PowerPoint	Web 2.0 (Wikis, Blogs)
Aufgaben werden vorbereitet und deren Bearbeitung an der erwarteten Lösung gemessen	Lösung nicht bekannt

Projektarbeit ist idealerweise:

- ganzheitlich (es werden komplexe Zusammenhänge erlebt)
- interdisziplinär
- gemeinschaftlich (in Teams)
- prozessorientiert (das Lernen ist in allen Projektphasen unabhängig vom Endergebnis)
- ergebnisorientiert (alle Arbeitsschritte und Arbeitsabläufe im Projekt sind auf die Erreichung des zu Projektbeginn definierten Endergebnisses bzw. Endproduktes ausgerichtet)

Projektarbeit darf dabei freilich nicht gegen irgendwelche Ordnungen verstoßen, wie dies der von Peter Alexander gespielte Dr. Dr. Bach in der Pepe-Episode *Hurra, die Schule brennt!* negativerweise tut, als er den Schülern zur Vorbereitung der Jahresabschlussveranstaltung einfach schulfrei gibt.

Als mündliche Note gewertet werden kann auch eine Selbstevaluation (auf der Grundlage von Korrekturanmerkungen der Lehrkraft, so wie dies Dr. Dr. Bach positiverweise tut, als er einen Deutsch-Aufsatz zurückgibt). Man könnte die über die Fachkompetenzen hinausgehenden Kompetenzen auch im Rahmen einer Selbstevaluationsaufgabe in einer Klausur erörtern lassen.

In Klausuren sowie mündlichen Prüfungen achten wir darauf, dass unterschiedliche Aufgabentypen vorkommen. Es werden alle vier bereits genannten Aufgabentypen der Terminologie des Deutschen Bildungsrates eingebaut:

1. Reproduktion = Kennen = gedächtnismäßige Wiedergabe des Gelernten = Muster: “Nenne ...”, “Gib wieder ...”

2. Reorganisation = Verstehen = selbstständige Verarbeitung und Anordnung des Gelernten = Muster: "Grenze ab ...", "Bestimme ...", "Erläutere ...", "Vergleiche ...", "Ordne zu ..."
3. Transfer = Anwenden = selbstständige Anwendung des Gelernten auf neue Fälle = Muster: "Benutze ...", "Überprüfe ..."
4. Problemlösung = Beurteilen = kritische Bewertung des Gelernten sowie Auffinden neuer Lösungsansätze = Muster: "Entwickle ...", "Bewerte ..."

In Kursen, die besonders auf eine zentrale Abschlussklausur vorbereiten sollen, üben wir natürlich die einschlägigen Aufgabentypen – aber natürlich kann auch dies gemäß LdL verlaufen. Es existiert dann zwar kaum Abwechslung im Ablauf einer Stunde, aber die Vorbereitung und Lösungserarbeitung kann ja dennoch durch Leitung von Lernerexperten durchgeführt werden.

Manche Lehrkräfte greifen gerne auf Multiple-Choice-Aufgaben zurück, weil die Korrektur einfach zu handhaben ist. Im Gegenzug bedarf es für gute Multiple-Choice-Aufgaben mehr Vorbereitungsaufwand. Gerechte Multiple-Choice-Aufgaben sind solche, bei denen eine richtige Antwort eindeutig richtig und falsche Antworten (Distraktoren) eindeutig falsch sind.

Wie bereits beobachtet, ist die Vorbereitung auf mündliche Prüfungen besonders defizitär. Es gibt eine ganze Reihe von Lehrkräften, die einfach eine Frage nach der anderen stellen und dann eine möglichst kurze Antwort erwarten. Oft stehen Reproduktionsaufgaben im Vordergrund. Ein echter Austausch entsteht nicht, und man fragt sich, was der Mehrwert gegenüber einer schriftlichen Arbeit ist. Mündliche Prüfungssituationen bieten die Chance zu Reorganisations- und Transferaufgaben, bei denen das Gespräch im Mittelpunkt steht. Sie bieten ferner die Chance, dass der Kandidat ein Spezialgebiet wählen kann. In einer Abfragesituation würde ein Prüfling ein Teilthema der letzten Stunde(n) wählen, das ihn besonders interessiert hat. Auch Studenten wünschen sich für mündliche Prüfungen, dass sich zumindest ein Teil auf ein selbst gewähltes Spezialthema bezieht. Es sollte eine angenehme Prüfungsatmosphäre herrschen, man darf Schmierpapier bzw. Tafel verwenden, der Prüfer bzw. die Prüferin geht wohlwollend auf den Prüfling ein (mit Nicken, Lächeln, Umformulieren), mischt schwierige mit einfachen Aufgaben und sucht eher nach Wissen denn nach Lücken. Der

Prüfer bzw. die Prüferin sollte den Prüfling nur unterbrechen, wenn er auf dem Holzweg ist. Prüfende sollten traditionelle Elemente einer Prüfung auf ihren Zweck hin hinterfragen, z.B. wozu soll ein Schüler bei der Abfrage stehen müssen, statt die Abfrage im weniger stressvollen Sitzen absolvieren zu dürfen? Wenn die Prüfung normalerweise aus der Bearbeitung mehrerer Fragen besteht, sollten die Fragen vorher schriftlich fixiert werden (auch zur Erleichterung der Bewertung). Je nach Fach kann es sinnvoll sein, Fragen aus einem Zettelkasten ziehen zu lassen. Eine andere Möglichkeit ist eine Art Kurzreferat mit anschließender Aussprache. In unseren Prüfungen ist es von den Prüflingen auch als angenehm empfunden worden, dass man mit "unklassischen" Definitionen (temporären Definitionen) arbeiten bzw. zunächst einfach nur mit Alltagssprache beschreiben darf, dass Argumente für Antworten gefordert und diese gewürdigt werden, auch wenn sie nur Teilaspekte berücksichtigt haben, sowie auch, dass man mit Beispielmaterial vor Augen arbeiten kann. Hier ein erfundenes Beispiel:

Dozent D gibt Studentin S folgenden Satz: *Gestern schrieb der Lehrer seinem alten Freund Hans noch schnell einen Brief.*

D: Erkläre anhand dieses Beispiels die Regeln für die Großschreibung im Deutschen.

S: Großgeschrieben werden Substantive und Subjekte.

D: Was meinst Du mit Subjekte?

S: Namen für Personen.

D: Nicht die übliche Definition von Subjekt (wär eigentlich Satzgegenstand), aber so definiert stimmt's, dass Großschreibung erfolgt. Also nach Substantiven und Personennamen?

S: Ja.

D: Ist damit die Regel vollständig?

S: Ich denke ja.

D: Gut, schauen wir uns mal alle Wörter der Reihe nach an. Ist *Gestern* ein Substantiv oder ein Personenname?

S: Nein, ein Adverb.

D: Also werden auch Adverbien großgeschrieben.

S: Hm, nein *schnell* wird ja klein geschrieben. Hm.

D: Noch ein Beispiel: *Der Lehrer schrieb Hans. Schnell schrieb er.*

S: Ok, am Satzanfang wird auch noch großgeschrieben.

Hat der Prüfling einen Blackout, so sollte nach Ansicht der meisten unserer Studierenden der Prüfling kurz Hilfestellung bekommen. Wenn dies nicht hilft, sollte zunächst mit einer anderen Aufgabe weitergemacht werden, später kann sie wieder aufgegriffen werden.

Was schließlich die Leistungsbewertung anlangt[15], so ist unsere Erfahrung folgende: je weniger differenziert die Kriterien sind, umso leichter fällt im Übrigen die Korrektur. Unsere Empfehlung ist die Zahl der Kriterien an die Zahl der Notenstufen zu binden (wobei es Teilpunkte geben kann). Das kann bei einer Hausarbeit etwa so aussehen:

Bewertungskriterium	*Punkte*
1. Entspricht die Arbeit den formalen Vorgaben ? (1 P.)	
2. Enthält die Einleitung Frage/Hypothese und Vorschau? Steht am Ende der Arbeit eine Zusammenfassung? Erfolgen die Schritte des Hauptteils in logischer Reihung? (3 x 0,33 P.)	
3. Sind Begriffe klar definiert? Wird die Methode ausreichend vorgestellt und begründet? Wird die Methode richtig ausgeführt? (3 x 0,33 P.)	
4. Sind Beschreibungen richtig und nachvollziehbar? Sind für Aussagen Quellen vollständig angegeben? Sind Beurteilungen/Schlüsse nachvollziehbar? Sind Beobachtungen von Bewertungen deutlich getrennt? (4 x 0,25P.)	
5. Ist der Sprachstil dem Texttyp angemessen? (1 P.)	
GESAMT	
Note (5,0 bi 4,5P. = 1 / bis 4,0P. = 2 / bis 3,0P. = 3 / bis 2,0P. = 4 / bis 1,0P. = 5 / bis 0P. = 6)	

Sollte die Notenskala feiner sein, kann auch das System differenzierter sein. Teilaspekte können dann eigene Aspekte darstellen. Man kann auch hier versuchen, Bestimmungen in der Prüfungsordnung kreativ zu nutzen und Vorleistungen, die außerhalb der fachspezifischen Kompe-

15 Vgl. dazu ferner Jürgens/Sacher (2008).

tenzen liegen, indirekt einzubauen, etwa durch ein Kriterium "Zeichnet sich die Arbeit durch etwas Besonderes aus? (z.B. Arbeitsmanagement, Diskussionstiefe)". Dies ist legitim, da eine Hausarbeit auch Prozesscharakter hat und haben soll. Ähnlich kann man sich Kriterien für die Beurteilung von Referaten erstellen. Neben der Maximalpunktzahl muss dabei auch überlegt werden, ob sich die "Bestehensgrenze" nur in der Punktzahl ausdrücken soll oder ob es Kriterien gibt, die gleichsam unbedingt erfüllt sein müssen. Die obige Kriterienliste ist eine Art Erwartungshorizont, wie er auch bei jeder Korrektur einer Klausur ausgeteilt werden oder ersichtlich sein sollte. Erwartungshorizonte sollten die Punkteverteilung mit beinhalten.

Sollte eine Lehrkraft auch auf sonstige Unterrichtsbeiträge (vor allem mit Blick auf die nicht-fachspezifischen Kompetenzen) eine Bewertung abgeben wollen, so kann man für jeden Schüler einen Kompetenzerwerbbogen anlegen. Hier ein Beispiel:

Kompetenzbogen für		
	am	Anmerkung
1. stellte anregende Fragen		
2. zeigte effektives Verhalten in Unschärfesituationen		
3. konnte Informationen gut beurteilen und vernetzen		
4. konnte Menschen gut vernetzen		
5. konnte einen Sachverhalt gut in Worte fassen		
>>> SCHLÜSSELKOMPETENZEN-Note		

Sollte der Lehrkraft ein Lerner in einer guten Weise auffallen, so kann sie per Datum auf dem Bogen kenntlich machen, dass der Lerner gezeigt hat, eine bestimmte Kompetenz erworben zu haben. Zwei Wochen vor Notenschluss kann sie nochmals gezielt in ihren Bögen nachsehen, ob bei manchem Schüler nochmals genauer hinzusehen ist. So entsteht kurz vor Notenschluss dann eine "akkumulativ" erworbene Note.

Neben einem möglichst gering differenzierten Kriterienspektrum scheint uns darüber hinaus ein wenig differenziertes Notensystem gerechter. Man fragt sich, ob eine Dreierteilung aus "nicht bestanden", "bestanden", "bestanden mit Auszeichnung" nicht genügte. Bei der Führerscheinprüfung geht es sogar mit einem Zweiersystem. Bei einzelnen Noten ist es Usus, das arithmetische Mittel von (teilweise gewichteten) Teilnoten zu errechnen. Mathematisch gesehen ist dies eigentlich unzulässig, da die Notengrenzen letztlich willkürlich festgelegt sind und Notenabstände im Prinzip nicht gleich sind. So kann es etwa sein, das bei zwei Prüfungen Prüfling A das erste Mal 29/40 Punkten (= Note 3) und das zweite Mal 40/40 Punkten (= Note 1) hat, Prüfling B dagegen das erste Mal 30/40 (= noch Note 2) und das zweite Mal 35/40 (= noch Note 1) hat. A hätte 69/80 Punkte erzielt, B nur 65/80; dennoch würde B arithmetisch Note 1,5 (wohl gerundet zu 1), A nur Note 2 erhalten. Dessen sollten Prüfende sich ebenso bewusst sein wie der leistungsexternen Einflüsse, d.h. eine Gesamtbeurteilung auf Grund von erstem Eindruck ("primacy effect"), letztem Eindruck ("recency effect"), einem herausragenden Merkmal ("halo effect"), Vorinformationen, Sympathie/ Antipathie, Fehlhören/Fehldeuten, Mildefehler/Strengefehler, Zentraltendenz, Schwarzmacherei, Erwartungs-/Bestätigungseffekt, Kontrast-Effekt bei zwei aufeinanderfolgenden Prüflingen, Ermüdungseffekt der besseren Noten, Schwierigkeitsgrad der Fragen, schwankende Beurteilungskriterien, Einbezug beurteilungsirrelevanter Kriterien (z.B. Schrift, Kleidung, Körperhaltung)[16]. Diese Gefahren bestehen vor allem bei mündlichen Prüfungen, aber auch bei offenen Aufgabenstellungen. Je klarer Prüferinnen und Prüfer ihren Kriterienkatalog vor sich liegen haben, desto mehr werden diese Einflussfaktoren ausgeschaltet und desto gerechter werden ihre Beurteilungen.

Kommen wir nochmal zurück auf den Gymnasialprofessor Crey aus der *Feuerzangenbowle* und seinem Buch *Die Gerechtigkeit des Lehrers*. Gemäß Drehbuch wird er von Schülern wie Kollegen etwas belächelt. Stattdessen wird Dr. Brett als der beste Lehrer dargestellt. Er vergleicht die Schüler mit Bäumen: "Junge Bäume, die wachsen wollen, muss man anbinden, damit sie gerade wachsen, nicht nach allen Seiten ausschlagen. [....] Disziplin muss das Band sein, das sie bindet zu schönem geraden Wachstum." (Min. 76). Das Entwickeln einer eigenen Persönlichkeit wird so verhindert. Freilich war dies im Sinne der NS-Zeit – der Film wurde von 1941 bis 1944 gedreht. Crey dagegen – mag manch anderes Didaktische auch heute seltsam erscheinen – lehnt Generalbestrafungen und Verpfeifen ab (Min. 49 und 52 des Films), hat Mitgefühl

16 Vgl. dazu den insgesamt sehr lesenswerten Beitrag zu mündlichen Prüfungen von Stary (2006).

mit dem angeblich kranken Pfeiffer (Min. 69), möchte mit ihm fürsorglich außerhalb des Unterrichts über seinen Lebenswandel reden (Min. 75) und teilt ihm mit, dass er auch bei Fehlverhalten "niemals Wut auf einen Schüler" habe (Min. 75). Auch Sean Maguire and Gerald Lambeau mühen sich um eine gerechte Behandlung und Förderung von Will Hunting.

Zusammenfassung

Kurzum: Eine gerechte Lehrkraft macht ihre Erwartungen für die Lerner nachvollziehbar und akzeptabel hinsichtlich des Verhältnisses von Lernaufwand und Nutzen. Eine gerechte Lehrkraft lässt ferner die Lerner an der Art der Unterrichtsgestaltung mitwirken und versteht sich als Lernbegleiter, als Lerncoach, eher denn als Stoffpräsentator.

Das fliegende Klassenzimmer

oder

Individuelle Lernreisen für Gruppen, Paare, Singles

Im Film *Das fliegende Klassenzimmer* von 1973 wird den Schülern für das Ergebnis individueller Kreativität, Organisation und Teamarbeit Anerkennung gezollt. So darf ganz offiziell das Theaterstück aufgeführt werden, das der Schüler Johnny Trotz verfasst hat, um den Geographie-Unterricht plastischer zu machen. In diesem Stück ist der Lehrer ein Reiseorganisator, wie man ihn 1973 noch nicht kannte – er führt nicht nur zu den gewöhnlichen, sondern auch zu ungewöhnlichen Orten. Andererseits ist der Lehrer auch ein Reisebegleiter, wie man ihn 1973 sehr wohl kannte – er trägt und führt schematisch vor. Ein guter moderner Reisebegleiter geht auf die besonderen Interessen und Wünsche der Reiseteilnehmer ein und bezieht sie auch aktiv mit ein. Ein guter moderner Lernreisebegleiter weiß, dass wir nur lernen, wofür wir uns auch begeistern. Ein guter moderner Lernreisebegleiter ist eher wie ein Lerncoach gemäß Maria Montessoris Motto "Hilf mir, es selbst zu tun."

Eindrücke aus meinem Leben (J.G.): Einer unserer Geographie-Lehrer schaute mit uns jede Stunde einen Lehrfilm. Nun dauerten diese Filme 20 Minuten, weshalb mein Lehrer viele dieser Filme dann gleich zwei Mal gezeigt hat. Seine Begründung war, dass wir so mehr Inhalte mitnehmen könnten. Mir hat es vor allem die Lust am Fach Geographie genommen. Ich bat den Lehrer, doch einmal abzuwechseln und etwas mit der Klasse zu machen. Süffisant meinte er, dass ich ja ein Referat halten könnte, wenn ich mehr Aktivität bräuchte. Ich willigte ein und konnte mir das Thema sogar aussuchen. Nach meinem Referat zählte er sämtliche seiner Ansicht nach fehlende Informationen und sonstige Mängel auf, gab mir die Note 3 und meinte, man hätte nun doch sehen können, dass Lehrfilme deutlich professioneller und damit wirksamer seien. Dann ging es im alten Stil weiter. Andererseits hat der gleiche Lehrer wiederum großes Engagement als Betreuer eines Schülerarbeitskreises gezeigt. Schade, dass er scheinbar nur für diese eine Gruppe individuelles Interesse entwickeln konnte.

Eindrücke aus meinem Leben (B.K.): Während meines Studiums war ich umfangreich als Nachhilfelehrerin tätig und bin dabei immer wieder auf Kinder und Jugendliche mit durchaus gravierenden schulischen Problemen getroffen. Diese waren freilich sehr verschiedener Natur und hatten vielfältige Ursachen. Ein Fall jedoch zeigt anschaulich einen Aspekt auf, der mir immer wieder begegnet ist: Ein 11-jähriger Junge fiel in der Schule vor allem als "Zappelphilipp" auf, brachte nicht die gewünschten Leistungen und sollte schließlich zur Sonderschule geschickt werden. Ausführliche Gespräche mit dem Kind ergaben, dass dieses durchaus ernst zu nehmende Probleme mit dem Lernstoff hatte, dass es allerdings zusätzlich darunter litt, dass sich ihm der Sinn und Zweck vieler Inhalte und Methoden nicht erschloss. Nicht gänzlich unberechtigterweise stellte er etwa fest, dass er sich Dinge besser merken könne, wenn er sich eigene Eselsbrücken baue; das Abschreiben der Beispielsätze im Englischbuch hingegen helfe ihm nicht beim Erlernen von Vokabeln. Auch helfe es ihm nicht, einen zweiseitigen Text aus einem Biologiebuch einfach abzuschreiben. Vielmehr wollte er gern wissen, was er persönlich – neben späteren Vorteilen im Berufsleben, welche die Lehrkräfte in der Schule unwilligen Lernenden gern in Aussicht stellten – denn jetzt und hier und heute von den verschiedenen Fächern und Inhalten in der Schule habe. Diesem Kind half es letzten Endes, jeden Abend einmal gemeinsam mit Eltern oder privater Lehrkraft zu überlegen, wie genau sich das in der Schule Erlernte in seinem persönlichen Alltag wiederfände. Es war im Fach Englisch dann schließlich die Aussicht darauf, aufgrund der Ergänzung des Schulunterrichts durch nachmittägliche Einzelstunden den Internetblog seines englischsprechenden Schauspielerldols lesen und verstehen zu können, die den langsamen, aber kontinuierlichen Wandel brachte.

Sofern man sich nicht etwas im Selbststudium beibringen will – dazu am Ende des Kapitels noch mehr –, liegt die Leitung einer Lernreise bei der Lehrkraft. LdL-Lernreisen funktionieren prinzipiell in allen Fächern, in allen Altersgruppen: von der Grundschule über die Volkshochschule bis zur Schule des Lebens. Grundschullehrkräfte sind manchmal der Ansicht, LdL würde noch nicht in der ersten, aber in der letzten Klasse funktionieren. Das gleiche behaupten die Lehrkräfte der Sekundarstufe. Und das gleiche behaupten die Dozenten an den Hochschulen. Nach dieser Logik müsste also ein Schüler stets beim Übergang in die nächste Bildungsstufe zunächst mal LdL-unfähig werden. Dass dies nicht der Fall ist, bezeugen zahlreiche Berichte von Lehrkräften.

Lernreisen für Gruppen

Bereits bei der Vorbereitung, also vor Beginn der Lernreise, macht ein Reiseleiter sich einige Gedanken[17]. Hier die wichtigsten Fragen.

Wird es sich um eine **eher kleine oder eher große Gruppe** handeln? In Schulen sind 20-30 Schüler ideal, damit jeder Schüler einmal pro Halbjahr im Team eine Unterrichtssequenz leitet. An Hochschulen sind Kursgrößen von 20-25 Teilnehmern für LdL ideal, damit bei 14-15 Sitzungen 11-12 Sitzungen von den Studententeams geleitet werden. Bei größeren Gruppen müssen die Unterrichtssequenzen von Teams aus mehr als zwei Personen übernommen werden, evtl. ist eine Sitzung von mehreren Teams zu tragen. So können "Wiederholungsteams" und "Neustoffteams" eingerichtet werden. Sehr kleine Gruppen können im ungünstigen Fall aus sehr passiven und introvertiert arbeitenden Teilnehmern bestehen. Hier schwindet die Trägheit meist durch Diskussionsrunden, die auch vorbereitet werden können (verschiedene Teilnehmer haben dann unterschiedliche Positionen zu vertreten). Die geringe Teilnehmerzahl sollte im Übrigen nicht dazu führen, dass die Lerner ständig mit dem Vorbereiten von Unterrichtsstunden betraut werden; hier müssen viele Unterrichtsstunden dann doch von der Lehrkraft geleitet werden (aber eben nicht frontal). Bei Gruppen mit deutlich über 50 Teilnehmern – wie es sie im Hochschulbereich immer noch gibt – ist grundsätzlich zu fragen, welchen Sinn (und Lehrerfolg) solche Veranstaltungen haben können. Sie können ja kaum anders als

17 Vgl. dazu die Vorversion, speziell zum Hochschulkontext, in Grzega (2003).

frontal bzw. in Form einer Vorlesung ablaufen. Ulrich Iberer und Christian Spannagel haben zumindest mit ihrer Idee des aktiven Plenums eine LdL-nahe Möglichkeit gefunden, frontale Vorlesungen aufzubrechen[18]. Dabei schreibt der Dozent ein Problem an die Tafel, ein Student bittet um Lösungsvorschläge und moderiert diese, während ein anderer Student an der Tafel mitprotokolliert. Der Sinn von Vorlesungen im traditionellen Stil ist dagegen fraglich[19]. Auf Massenveranstaltungen bzw. Massenvorlesungen kann verzichtet werden; genauso gut können die Studierenden ein Lehrwerk lesen oder ein Video anschauen. Bei ca. 100 Studierenden sollte der Dozent auf eine 2-stündige Massenvorlesung verzichten, die Hörerschaft lieber in zwei Gruppen à 50 Studierende einteilen und 2 Parallelseminare veranstalten. Mit 50 Kursteilnehmern kann man 25 Teams bilden, die dann je eine halbe Sitzung zu bestreiten hätten. Noch größere Kurse sollten dann lieber durch zusätzliche Tutorien oder Sprechstunden ersetzt werden. Sollte es sich um eine Pflichtveranstaltung mit abschließender Prüfung handeln, so könnte man die mehreren hundert Teilnehmer in Gruppen (ca. à 10 Studierende) aufteilen, Probeklausuren von diesen in Eigenregie bearbeiten lassen, die Gruppenantworten korrigieren und dann in einigen wenigen Sitzungen auf die häufigsten Fehler eingehen; die übrigen Wochen steht der Dozent als Tutor zur Verfügung. In Volkshochschulkursen und in der betriebsinternen Fortbildung kann erfahrungsgemäß keine Vorbereitung erwartet werden, da die Teilnehmer keine Anwesenheitspflicht haben und sich gerade im letzten Fall keiner regelmäßigen Teilnahme verpflichtet fühlen. Hier müssen Lehraufgaben direkt in der Sitzung vorbereitet und durchgeführt werden. Ideal sind dabei Gruppen aus 12-18 Teilnehmern, sodass als Faustregel eine 90-minütige Sitzung wie folgt geplant werden kann: 5 Min. Einstieg + 15 Min. Vorbereitungszeit + 6 Teams (aus 2-3 Personen) für Wiederholungs- und "Neustoff"-Aufgaben à 10 Min. + dazwischen 5 Min. Pause + 5 Min. Zusammenfassung. Sollten tatsächlich nur Wiederholungsaufgaben möglich sein, ist entsprechend abzuwandeln (z.B. 5 Min. Einstieg + 10 Min. Vorbereitungszeit + 6 Teams aus 2-3 Personen à 5-10 Min. + dazwischen 5 Min. Pause + 10-40 Min. neuer Stoff und Zusammenfassung).

---

[18] Iberer (2010) und Spannagel (2010).

[19] Vgl. dazu beispielsweise auch die Aufsätze von Köpke (1994) und Bruchmüller/Haug (1999: 2).

Wird es sich um **eine homogene oder eine heterogene Gruppe** handeln? Die Homo- bzw. Heterogenität ist sowohl in inhaltlicher als auch in methodischer Hinsicht zu prüfen. Ein wichtiges Element von LdL ist die Bestandsaufnahme von Wissensquellen[20], also: Über welche Kenntnisse und Fähigkeiten verfügen die Unterrichtsteilnehmer? Wie weit sind die unterschiedlichen Teilnehmer mit den Unterrichtsinhalten vertraut, wie weit sind die unterschiedlichen Teilnehmer mit den fachlichen Methoden vertraut, wie weit sind die unterschiedlichen Teilnehmer mit dem didaktischen Konzept (LdL) vertraut? Von LdL-Kennern kann man – wie gesagt – bereits die zweite Sitzung problemlos gestalten lassen. Falls inhaltlich erfahrenere Lerner durch die Anwendung von Fachtermini glänzen wollen, so sollte dies zunächst honoriert werden. Ebenso ist aber darauf zu achten, ob die anderen folgen können; sollte dies nicht der Fall sein, dann sollte der erfahrenere Lerner gebeten werden, seine Gedanken nochmal so zu fassen, damit es weniger erfahrene Lerner auch verstehen. Inhaltlich fortgeschrittenere Lerner in einer Gruppe mögen eher mit der Einführung von neuem Stoff betraut werden, inhaltlich weniger fortgeschrittene Lerner eher mit Wiederholungsaufgaben. Fortgeschrittenere mögen eher von Inhalten des Unterrichtsbuches abweichen; weniger Fortgeschrittene halten sich eher an die vorgegebenen Inhalte, feilen dafür aber an einer attraktiven Präsentation. Es werden dennoch stets die gleichen Kompetenzen geübt: Präsentieren, Klassifizieren, Argumentieren, Moderieren. In Gruppen mit großen Persönlichkeits- und Wissensunterschieden der Teilnehmer besteht die Gefahr der "ineffektiven Gruppenarbeit", weil die stärkeren und sehr extrovertierten Lerner schon immer eine Lösung parat haben, noch bevor die schwächeren und sehr introvertierten Lernenden richtig nachdenken können. Vor allem hier bietet sich die schon genannte Technik "Think-Pair-Share" an: (1) die Lerner über die Aufgaben allein nachdenken lassen; (2) die Studenten sich kurz über die Lösung austauschen lassen; (3) im Plenum Lösungen anbieten und besprechen lassen. Den Nutzen der Technik darf man nicht unterschätzen. Gelingende Teamarbeit bedeutet nämlich erfahrungsgemäß nicht, dass man gemeinsam, etwa im Sinne eines Brainstormings, über ein Problem nachdenkt. Brainstorming behindert eine effiziente Lösungsfindung nachweislich[21]. Teamarbeit gelingt eher, wenn man getrennt über ein

---

20 Jean-Pol Martin verwendet gerne den Ausdruck *Wissensressourcen*.

21 Vgl. dazu den Bericht von Paulus (2005).

Problem nachdenkt und die Lösungen dann austauscht und Synergieeffekte zu finden versucht oder wenn man die Teammitglieder an unterschiedlichen Teilaufgaben arbeiten und die Einzelbeiträge dann zu einem Ganzen zusammensetzen lässt. Jeder Lerner muss die Möglichkeit zu einem Erfolgserlebnis erhalten, gleichzeitig aber auch Stoff zur Selbstreflexion über das zukünftige Organisieren von Lehraufgaben erhalten. Unterschiedliche Lerner können sich auch auf unterschiedliche Lernziele konzentrieren – etwa im Rahmen eines Portfolios, bei dem aus verschiedenen Aufgaben je nach anvisierter Kompetenz ausgewählt werden kann. Da ein Portfolio Übungsmöglichkeiten geben will, sollte es idealerweise nicht mit einer Noten versehen werden, da dann gerade jene Aufgaben ausgewählt werden, die man gut kann.

Gruppen können auch in Bezug auf die präferierten Lernstile heterogen sein. Forschungen zu Lernstilen gibt es zuhauf, doch hat eine Überblicksstudie gezeigt, dass nach derzeitigen wissenschaftlichen Maßstäben keines der vorgeschlagenen Modelle Empfehlungen für eine systematisierte Unterrichtsgestaltung erlaubt[22].

Die eine Empfehlung, die man einstweilen abgeben kann, ist, dass man Inhalte mit verschiedenen Techniken, auf verschiedene Arten zu vermitteln versucht, wobei Lernmaterial verschiedene Sinneskanäle, aktive und passive Passagen, lineare/sequenzielle und globale/holistische Herangehensweisen, induktive und deduktive Ansätze, konkret-praktische und abstrakt-theoretische Aufgaben sowie kreative und reproduktive Phasen berücksichtigen sollte. Nach einigen Wochen des Unterrichts kann eine Feedback-Runde offenbaren, ob es Techniken gibt, die eine bestimmte Gruppe besonders ansprechen und die dann verstärkt werden könnten.

Die andere Empfehlung, die man für stark heterogene Gruppen geben könnte, ist, dass man im Gegenteil sich auf jene Lernwege beschränkt, die eben der menschlichen Natur generell zu entsprechen scheinen. Das heißt etwa: liegt ähnlicher bekannter Stoff vor, sollte neuer Stoff minimal mit diesem kontrastiert werden; Regelmäßiges sollte erst in vielen Kontexten vorkommen, bevor Unregelmäßiges eingebaut wird; es sollte ausreichend Raum zur Selbstkorrektur geben; Richtiges sollte am Ende von den Lehrenden wiederholt werden.[23]

---

22 Vgl. Coffield u.a. (2004).

23 Vgl. die Beobachtungen von Michel Thomas und anderen (Solity 2008).

Handelt es sich um ein Thema, einen Kurs, ein Fach, mit dessen **Fachterminologie** die Studierenden schon vertraut sind oder werden sie eine "neue Sprache" zu erlernen haben? Bei letzterem scheint es effizienter, die Vorstellung der Fachterminologie (zunächst) selbst zu übernehmen. Dies bedeutet nicht, dass dies frontal ablaufen muss. So kann die Lehrkraft ein Problem, einen Sachverhalt etc. vorstellen und die Lerner bitten, ihre Beobachtungen in "Alltagssprache" zu äußern (erst im Team oder in der Gruppe, dann wird im Plenum gesammelt). Anschließend erläutert die Lehrkraft, wie ein Fachmann bzw. eine Fachfrau es ausdrücken würde und schreibt dabei die Fachtermini an die Tafel oder auf eine Folie, die auf dem Tageslichtprojektor liegt. Die Lerner können dann aber sehr wohl mit der Leitung einer Wiederholungssektion in der darauf folgenden Stunde betraut werden. So kann dann auch abgeprüft werden, ob sie zumindest durch die Nachbereitung alles erfasst haben. Bei einigen Themen mag es auch vernünftiger sein, die Lektüre einführender Kapitel zur Vorbereitung auf die nächste Stunde aufzugeben. Freilich kann, wenn die Gruppe sehr groß ist, auch schon ab der dritten Stunde die Einführung neuer Termini durch die Lerner selbst vorgenommen werden; dann muss die Vorbereitung vom Dozenten allerdings intensiver unterstützt werden (die zweite Stunde sollte die Lehrkraft noch selbst leiten, um ein Beispiel für LdL-geführten Unterricht zu geben). Lerner, die mutmaßlich schon mit der Fachterminologie vertraut sind, können ohne große Probleme früh mit der Erarbeitung neuer (oder alter) Inhalte beauftragt werden. Je nach Klasse lassen sich von Anfang an dauerhafte Expertenteams zu einzelnen thematischen Bereichen zusammenstellen; im Verlauf des Jahres oder Halbjahres kann der zu bearbeitende Bereich wechseln. Dies eignet sich besonders für Examensvorbereitungskurse, in denen ehemalige Examina bearbeitet werden. Dabei müssen alle zwar vorbereitet sein, die Lehrkraft oder ein Team aber übernimmt die Sitzungsleitung und delegiert die Besprechung der einzelnen Aufgaben an die Spezialteams weiter, die die übrigen Teilnehmer nun um Bearbeitungsvorschläge bitten und diese als Experten beurteilen und unter Umständen Zusatzinformationen geben. Die Sitzungsleitung stellt sicher, dass alle der korrekten Bearbeitung der Aufgabe haben folgen können und dass auch wirklich der Kern der Aufgabenstellung getroffen worden ist.

Soll dem Kurs ein bestimmtes **Lehrwerk** zu Grunde gelegt werden oder nicht? Wenn kein bestimmtes Lehrwerk zu Grunde gelegt wird, so ist den Lernern umso klarer darzulegen, was das inhaltliche Konzept, der "rote Faden" sein soll und wie sie den Stoff vor- und nachbereiten können. Als zweckmäßig erwiesen hat sich, neben Teams für die Stundenleitung auch Teams für die Stundenzusammenfassung festzulegen. Dies hat mehrere Vorteile: (1) Die Lerner können sich besser auf den eigentlichen Stundenablauf und den dort gebotenen gedanklichen Prozess konzentrieren, da sie sicher sein können, danach das wichtigste noch einmal schriftlich zu erhalten. (2) Jeder Unterrichtsteilnehmer ist gezwungen, sich nicht nur mit einem, sondern mit zwei Themen intensiver auseinanderzusetzen. (3) Es werden mehr Übungsmöglichkeiten zur Entwicklung der Teamfähigkeit geboten. Dies kann ebenso sinnvoll und nützlich sein, selbst wenn ein bestimmtes Lehrwerk zu Grunde gelegt ist. Werden keine schriftlichen Zusammenfassungen erstellt, so sollten die Leitungsteams angehalten werden, für die wichtigsten Inhalte auf die entsprechenden Stellen im Lehrwerk hinzuweisen. Zur Vorbereitung sollten von der Lehrkraft oder von den Leitungsteams ebenfalls schon die wichtigsten Stellen oder Termini des Lehrwerks mitgeteilt werden. In Schulen kann die Leitung von Übungen sehr einfach übertragen werden, wenn die Lehrkraft das Lehrerbuch bzw. den Lösungsschlüssel dem Leitungsteam gibt. Dass die Lernerexperten dabei nicht nur auf den Lösungsschlüssel schauen können, wird ihnen schnell klar – sie müssen Lösungen nämlich auch verstanden haben und begründen können.

Handelt es sich um ein Fach bzw. ein Seminar, für das am Ende ein bestimmter Katalog an **Lernzielen** vorgeschrieben ist oder kann man diese selbst festlegen? Sollte letzteres gegeben sein, dann ist diese Freiheit auch zu nutzen (im Sinne von Lernerautonomie im Idealfall demokratisch mit den Unterrichtsteilnehmern). Dann gilt die Devise: Weniger ist mehr. Ähnliches preist man auch in der Managementliteratur: Konzentration auf Weniges ist der Schlüssel zum Ergebnis[24]. Qualität muss vor Quantität gehen. In jedem Falle sollte die Lehrkraft sich bereits vor der ersten Stunde überlegt haben, wie man den Lernstoff in sinnvolle Portionen aufteilen kann (Lerner fordern!) und welche didaktische Techniken sich eignen könnten (Lerner fördern!). Wenn Unterricht bezweckt, dass Lerner sich vorwiegend Informationen und Wissen aneignen und diese anzuwenden lernen, dann eignet sich als Leistungsnachweis neben den Sitzungsgestaltungen eine Klausur am Ende. Die Lerner haben sich im Wesentlichen mit der Basisliteratur bzw.

---

[24] Vgl. z.B. Malik (2000: 102).

dem Basislehrwerk auseinanderzusetzen. Ein gewisser Grad an Freiheit sollte aber über eine frei gestellte Auswahl von Fragen, Problemen und Themen ermöglicht werden. Je nach Lehrwerk kann das Grundwissen zunächst im Selbststudium erworben werden. Dabei sollten die Lerner Leitfragen an die Hand bekommen bzw. auf die wichtigsten inhaltlichen Punkte hingewiesen werden (geführte Lektüre). Dies scheint sowohl für Lerner als auch für Lehrende ökonomischer. Im Unterricht kann man gleich mit Transfer-Aufgaben beginnen. Sollten Unklarheiten bei den Transferaufgaben auftauchen, kann man dann Definitionen, Begriffe und Methoden noch einmal besprechen lassen. Unterricht kann aber auch bezwecken, dass Studierende eigenständig forschen. Hierfür wird im ersten Teil eines Kursus (ca. ein Viertel der Gesamtzeit) ein inhaltliches und methodisches Kernwissen vermittelt (nach LdL), während sich gleichzeitig die Lerner Gedanken zu Vertiefungsthemen machen, die in den folgenden Abschnitten des Seminars selbstständig und gegebenenfalls im Team zu bearbeiten sind. Lerner müssen in dieser Phase eine neue Hypothese oder Frage aufstellen, ggf. Mitstreiter für ein Team finden und sich einen einschlägigen Literaturüberblick verschaffen. Damit die Gefahr eingedämmt wird, dass den Lernern grundsätzliche Fehler unterlaufen und sie viel Zeit und Energie investieren, um am Ende wertlose Ergebnisse zu erhalten, kann man Projektbeschreibungen einreichen lassen und eine Unterrichtssequenz reservieren, in der "erfundene" Projekte besprochen werden, bei denen etwas schief gelaufen ist (diese zeigen vor allem häufige Fehlertypen auf). Auch das Einreichen von Projektbeschreibungen ist für den Fortgang des Seminars sowohl für Lerner als auch für Lehrende ökonomischer. Ferner können über Internetforen die Lerner "gezwungen" werden, regelmäßig über den Fortgang ihrer Arbeit und etwaige Probleme zu berichten und andere Projektteams mit Ideen zu bereichern. Die Lehrkraft überprüft regelmäßig die Einträge und kommentiert diese gegebenenfalls. Am Ende kann eine informelle Kurz-klausur noch mal das Kernwissen abprüfen, das sonst allzu schnell ver-gessen wird. Bei Rückgabe sollte aus der Korrektur eine Art Erwar-tungshorizont ersichtlich sein oder dieser gleich auf einem separaten Zettel stehen. Da die Studierenden sich auch im Zeitmanagement üben sollen, legen wir Wert auf Einhaltung der Abgabefrist. Nur wenn ein Team auseinanderbrechen sollte, weil die "Wellenlänge" nicht stimmt oder einige unzuverlässig sind, oder wenn die Studierenden nicht rechtzeitig an alle notwendigen Daten und Informationen herankommen sollten, geben wir eine Verlängerungsfrist. Des Weiteren kann man als Lehrkraft den Lernern größtmögliche Freiheit in der Auswahl von Übungstypen geben, wenn man die Idee eines Portfolios einbaut. Dies führt zum nächsten Punkt.

Ist eine bestimmte **Art des Leistungsnachweises** vorgeschrieben oder ist man in der Art des Leistungsnachweises frei? Bei allen Arten – insbesondere der Klausur – sollten nach Möglichkeit die Fähigkeiten Reproduktion, Reorganisation, Transfer und freies Assoziieren geübt bzw. gezeigt werden können. Es mag sinnvoll sein, dem Prüfling eine gewisse Auswahl der Aufgaben zu ermöglichen. Besonders sollte – wie die PISA-Studie gezeigt hat – auf Transfer Wert gelegt werden; damit sind sowohl inhaltliche als auch methodische Anwendungsfähigkeit gemeint. Bei der Bewertung ist auch auf die unterschiedlichen Aspekte einzugehen, um dem Lerner Stärken und Schwächen aufzuzeigen. Es sollte Gelegenheit zur Verbesserung gegeben werden. Es sollte geprüft werden, inwieweit auch hier Teamarbeit geleistet werden kann. Bei der Erstellung von Hausarbeiten zeigen viele Lerner großes Engagement und entwickeln exploratives Verhalten. Dazu sind ihnen aber auch dementsprechend Themen zu vergeben, bei denen sie sich als "explorative Forscher" betätigen können. Auch hier sollte den Lernern ein Leitfaden zur Erstellung der Arbeit mitgegeben werden, mit Hinweisen zur Literatursuche (Informationssuche), Literatureinarbeitung und -bewertung (Wissensrepräsentation und -generierung), Methodik und Formalia. Auch die Erstellung von Internet-Projektseiten oder journalistischen Beiträgen ist denkbar – hier müssen die Lerner erfahrungsgemäß aber besonders darauf aufmerksam gemacht werden, dass über die Begeisterung für das Medium nicht die Qualität des Inhalts leiden darf. Schließlich sei noch das bereits erwähnte Portfolio als Leistungsnachweis genannt. Merkmale eines Portfolios[25] sind Reflexion und Evaluation der Lerninhalte, der Lernerfahrungen und der eigenen Lernerpersönlichkeit. Ein Portfolio ist klassischerweise vor allem kompetenz- statt defizitorientiert und umfasst mehrere Schritte: Definition der Lernziele, Erstellen, Sammeln und Auswählen von Dokumenten, Reflexion, Feedback seitens der Lehrkraft und Präsentation des fertigen Portfolios. Nach unserer Vorstellung sollte ein Portfolio Übungsmöglichkeiten bieten und kann daher kompetenz- und defizitorientiert

25 Vgl. hierzu Häcker (2007: 245ff.) und Brunner/Häcker/Winter (2006: 73).

sein, solange es zwar Feedback von der Lehrkraft, aber keine Noten gibt (allenfalls "bestanden"/"nicht-bestanden", gemessen am Bemühen, eine Aufgabe zu erledigen). Werden echte Noten vergeben, wählen Lerner gerade nicht die Aufgaben, die ihnen ein unbeschwertes Training von gewünschten, aber schlecht beherrschten Kompetenzen ermöglichen, sondern solche Aufgaben, deren Kompetenzen sie am besten beherrschen. In jedem Falle sollte die Art der Lernzielkontrolle den Lernern schon in der ersten Sitzung mitgeteilt und bei Bedarf diskutiert werden.

Sollen die Lerner mit LdL **schrittweise vertraut gemacht oder gleich "ins kalte Wasser"** geworfen werden? Beides ist möglich, wenn das Prinzip (Methode und Zweck) von LdL klar geworden ist (am Besten mit schriftlicher Darlegung). Allerdings sollten LdL-Neulinge auf Lernerseite erstmal eine LdL-Stunde miterleben dürfen und erst kleinere Aufgaben nach LdL-Manier bewerkstelligen müssen. Für eine erste LdL-Sequenz bietet sich eine Aufgabe an, die alle Lerner in Partnerarbeit bearbeiten und bei denen es auch unterschiedliche Lösungen oder Lösungswege gibt (Bearbeitungszeit: x Min.). Man kann Lerner mit frisch erworbenem Wissen an Übungsaufgaben lassen oder man kann Lerner unbekannten Stoff mit ihrem sonstigen Vor- und Alltagswissen bearbeiten lassen. Die Lerner sitzen dabei in U-Form (U wie "Unterhalten"). Vor Beginn der Partnerarbeit werden 2 Lernende als Leitungsteam für die Besprechungsphase ausgesucht. Diese werden während der Partnerarbeit didaktisch und inhaltlich instruiert: Die inhaltlich wichtigen Punkte sind schriftlich niedergelegt oder im Text markiert; die methodisch wichtigsten Punkte können sich auf mündliche Hinweise beschränken wie: "Frage nach Begründungen und Beispielen für eine Antwort. Bitte gegebenenfalls um klärende Umschreibungen. Bitte andere um ihre Meinungen und die Gründe für diese. Fasse am Ende die wichtigsten Aussagen zusammen.". Für die Besprechungsphase sind in mathematisch-technischen Fächern ⅓x Min. anzusetzen, in anderen Fächern 1½x bis 2x Min. Die Rolle der Lehrkraft ist nun jene eines Lernbeobachters und Kommunikationsmanagers. Lerner können auch Wiederholungssektionen vorbereiten, wobei ihnen beim ersten Mal bzw. bei den ersten Malen Aufgaben und Lösungen schon ziemlich genau mitgegeben werden können. Dabei haben sich dreiteilige Wiederholungssektionen bewährt: eine Wissensfrage (Reproduktionsfrage), eine Transferfrage, eine Assoziations- bzw. Diskussionsfrage. Die erste Gesamt-LdL-Stunde kann durch die Lehrkraft oder – im Idealfall –

durch LdL-erfahrene Lerner geleitet werden. Wenn die Lehrkraft zunächst die Unterrichtsleitung in der Hand halten will, kann sie den Aspekt des "Lehrens" durch die Schüler dadurch einbauen, dass sie nicht nur Lösungen präsentieren lässt, sondern Lernerteams wiederum Aufgaben für die Mitlerner überlegen lässt (dazu müssen diese sich natürlich auch Lösungen überlegt haben). Auf diese Weise mag man zwar weniger Stoff in der Stunde durchnehmen können, doch der Stoff wird eben weniger oberflächlich behandelt. Ziel muss es sein, die Schüler in der Stunde mit solchen Kompetenzen auszustatten, dass sie sich einen ähnlichen Stoff selbst möglichst rasch erarbeiten können.

Wie kann der **erste Kontakt** aussehen? Der erste Kontakt (im Unterricht oder vorab per Mail) dient zum einen der Vereinbarung der Ziele und gegebenenfalls Zwischenziele, zum anderen der didaktischen Wege und Transportmittel. Unsere Erfahrung hat gezeigt, dass es trotz der ausführlichen Vorbesprechung günstig ist, die wichtigen Punkte sowohl zum inhaltlichen als auch zum methodischen Ablauf des Unterrichts noch einmal schriftlich festzuhalten und an alle Teilnehmer per eMail zu versenden. In der ersten Sitzung bietet sich außerdem eine relevante Ressourcenbestandsaufnahme an, die eine sinnvollere Gruppeneinteilung ermöglichen könnte.

Wie kann die Lehrkraft die **Lerner-Experten unterstützen**? An der Schule und Hochschule kann man die Lerner bitten, einzelne Unterrichtssequenzen zu Hause alleine oder im Team vorzubereiten; an Volkshochschulen und innerbetrieblichen Sitzungen muss wegen der mangelnden Anwesenheitspflicht die Vorbereitung in der Unterrichtsstunde selbst verfolgen. Zur Stundenvorbereitung bekommen die Lerner-Experten die wichtigsten inhaltlichen Punkte, die in einer Sequenz zu erarbeiten sind, schriftlich mitgeteilt. Es ist zu überlegen, ob man den Lerner-Experten nur die jeweils von ihnen vorzubereitenden Sitzungsinhalte mitteilt oder ob man allen die Inhalte aller zukommen lässt. Letzteres trägt erstens dazu bei, dass das inhaltliche Gesamtkonzept noch einmal klar wird, und zweitens dazu, dass die einzelnen Lerner-Experten ihr Thema besser abgrenzen können, ungewünschte Überschneidungen vermeiden und gewünschte Überschneidungen einbauen können. Beim Austeilen von Materialien und Literaturangaben sollte genau mitgeteilt werden, was für welche Sitzungen einschlägig ist. Vermittlungswege werden nicht vorgeschrieben; geeignete Wege zu suchen, ist Aufgabe der Lerner-Experten. Sie müssen sich auch überlegen, wie geprüft werden kann, ob das Vermittelte bei den übrigen Lernern angekommen ist. Es mag jedoch hilfreich sein, den Lerner-Experten didaktisch-methodische Tipps mitzugeben. Ohne Impulse seitens der Lehrkraft kann sich eine gewisse didaktische Eintönigkeit einstellen. Der Unterricht soll aber spannend sein. Im Unterricht selbst achtet die Lehrkraft darauf, dass die Sitzungsleiter klare Handlungsanforderungen geben (was gegebenenfalls durch Rückmeldungen der Kursteilnehmer abgesichert werden kann), dass sie bei Partner- oder Gruppenarbeit auch als Ansprechpartner zur Verfügung stehen und dass die Kursteilnehmer höflich und respektvoll miteinander umgehen. Es ist eine angenehme Kursatmosphäre zu sichern. Wenn sich bei der inhaltlichen Vermittlung ein (mutmaßlicher) Fehler eingeschlichen hat oder die Lehrkraft glaubt, dass die Präsentation missverständlich war, greift sie ein – nicht immer gleich verbessernd, sondern meist eher nachfragend (hier muss man etwas Gespür entwickeln). Bei Fehlern, die im Unterrichtsgeschehen gerade nebensächlich sind, kann man schnell die richtige Lösung "soufflieren", um sofort mit dem eigentlichen Thema weiterzumachen. Einige Lerner fühlen sich dann vorgeführt und reklamieren ihr Recht, das von ihnen Geplante erst einmal zu Ende vortragen zu dürfen, bevor die Lehrkraft verbessert. Wir meinen jedoch, dass unsere Methode die für die Gruppe bessere ist und versuchen darzulegen, dass es ja um die gemeinsame (!) Erarbeitung eines Themas oder der Lösung eines Problems geht. Bei der Suche nach Antworten auf Fragen werden Thesen, die nicht zutreffen, nicht abfällig, sondern kritisch begleitend verworfen. Lehrkräfte sollten dankbar für jede gebotene These eines Lerners sein und diesem lieber Informationen liefern, mit denen er seine These selbst bestätigen oder revidieren kann. Für gute Antworten sollte es Lob geben. Die Lehrkraft greift auch dann ein, wenn der Vortragende eine bloße Nachfrage seitens eines Mitlerners übergeht, gleich als Angriff auffasst oder wenn die Nachfrage tatsächlich abwertend klingt. Methodische Kritikpunkte werden am Ende oder nach der Sitzung geklärt. Dabei wird den Lernern auch die Möglichkeit zur Selbstevaluation gegeben. Am Ende sollte es nochmal eine Art Quintessenz der Unterrichtsstunde gegeben haben (durch die Lerner-Experten oder die Lehrkraft, ggf. im Nachhinein online); dabei kann zusätzlich der Blick auf die Welt außerhalb des Klassenraums gelenkt werden. Die Rolle des Beobachters gibt der Lehrkraft im Übrigen die Gelegenheit, die gewählten didaktischen Maßnahmen der

Lerner auch als Spiegel zu verstehen. Fällt der Lehrkraft ein kritischer Aspekt auf (z.B. Vortragende drehen sich zu sehr zur Tafel oder haben nicht alle Kursteilnehmer im Blick), so kann sie sich fragen, ob sie es denn besser macht und kann so an ihrem eigenen Unterrichtsstil feilen.

Lernreisen für Paare und Kleingruppen

Manchmal finden sich zwei oder ein paar wenige Lerner zum gemeinsamen Lernen zusammen, etwa zur Vorbereitung auf Abschlussprüfungen. Bei einigen dieser Teams ist es so, dass sie Themen vorher untereinander verteilt haben und diese dann in Form von Kurzreferaten und/oder schriftlichen Zusammenfassungen vorstellen. Für den Lernprozess erfolgreicher und im Sinne von LdL wäre es, wenn die Themenverantwortlichen den Rest des Teams auch aktivierten, sich Aufgaben überlegten und Lösungen diskutierten. Dabei können auch Lernspiele entwickelt werden.

Auf eine besondere Kleingruppe von Lernern wollen wir an dieser Stelle noch eingehen: Referendare. Erschütternd sind Berichte, die uns so manche (glücklicherweise nicht alle!) unserer Absolventen aus dem Referendariat geben. Nach ihren Erzählungen geht es im Referendariat, wie schon so oft zuvor im Bildungsweg, nicht um das Finden von guten Lösungen, sondern um das, was derjenige, der die Noten vergibt, möglichst wörtlich hören will. Diese Darstellungen passen zu dem, was man in Inge Faltins Erfahrungen nachlesen kann: "Die Heranbildung von echten, voneinander verschiedenen und unterscheidbaren Lehrerpersönlichkeiten war nicht intendiert. Genau so habe ich es erlebt."[26] Erfreulicherweise gibt es aber auch Fälle, in denen ein Seminarlehrer bzw. eine Seminarlehrerin trotz anfänglicher Skepsis einer Referendarin einen größeren LdL-Versuch erlaubt und dann am Ende offenbart: "Ich habe tatsächlich nicht geglaubt, dass die Schüler dazu fähig wären. Aber Sie haben mich jetzt überzeugt, dass es möglich ist."

Lernreisen für Singles

Lernreisen für Singles tauchen in zwei Formen auf: zum einen mit Lehrkraft (als Nachhilfelehrer oder Privatlehrer), zum anderen ohne Lehr-

---

[26] Faltin/Faltin (2011: 80).

kraft (bzw. mit Lerner als Lehrkraft, also als Autodidakt)[27]. Ein Nachhilfe- und Privatunterricht gemäß LdL kann folgende Ideen integrieren:

- Eine Schülerin erstellt für einen Schüler, den die Lehrkraft andernorts ebenfalls unterrichtet, Aufgaben mit Musterlösung, lässt diese bearbeiten und korrigiert diese dann auch (im Dialog mit der Lehrkraft) – und umgekehrt.
- Ein Nachhilfeschüler trägt vor (möglichst konkret und durchaus mit Hilfsmitteln wie Zeichnungen usw.), was er im Unterricht gelernt hat und zeigt dabei auf, was ihm seltsam vorkommt bzw. was er nicht verstanden hat.
- Eine Nachhilfeschülerin trägt vor (möglichst konkret und durchaus mit Hilfsmitteln wie Zeichnungen usw.), was sie im Unterricht gelernt hat und wie das für eines ihrer Hobbys oder ein anderes Themengebiet bzw. Fach relevant sein könnte.
- Je nach Thema und Alter kann die Lehrkraft den Lehrling einen Beitrag für Wikipedia erstellen lassen.

Der letzte Punkt eignet sich auch gut, wenn man LdL als Autodidakt einsetzen möchte. Möglichkeiten, LdL im Selbststudium einzubauen, sind folgende:

- Man setzt einen Beitrag in Wikipedia, wartet auf Feedback von anderen Wikipedianern und verbessert ihn gegebenenfalls.
- Man sucht gezielt nach Diskussionsforen, in denen Fragen zum Thema erörtert werden und trägt mit seinem neuen Wissen zur Klärung bei.
- Man trägt den Stoff irgendeinem imaginären Publikum vor. Solche virtuellen Vorträge finden sich auch unter Christian Opitz' empfohlenen Lernschritten: (1) Lektüre des Stoffes mit Anfertigen einer Mindmap pro Abschnitt (ggf. auch für den gesamten Stoff) – (2) virtueller Vortrag (nicht-sitzend, sondern stehend oder gehend), mit Mindmap als "Spickzettel" – (3) nach zwei bis drei Stunden Nachzeichnen der Mindmap aus dem

[27] Als Hilfe für die selbständige Organisation von Lehrstoff kann Reinmann-Rothmeier/Mandl (2000) hilfreich sein.

Gedächtnis, Vergleich mit Mindmap-Original, gegebenenfalls Ergänzung der Mindmap-Kopie – (4) Wiederholen von Schritt 3 nach ein bis zwei Tagen. Zu Punkt 2 sei ergänzt, dass statt eines Vortrages auch ein virtuelles Gespräch möglich ist. Falls man eine Fremdsprache autodidaktisch erwerben will, beschreibt man sich oder einem gedachten Gesprächspartner, was man gerade tut.

- Als Abwandlung des virtuellen Vortrages oder Gesprächs mit Mindmap-Stütze bietet sich bei vielen Mindmaps zu einem übergeordneten Thema an, dass man pro Mindmap 1-3 Fragen möglicher Gesprächspartner auf separate Zettel notiert, zu denen das Thema der Mindmap Antwort liefert. Die Mindmaps werden nummeriert. Auf jedem Zettel notiert man die Nummer der Mindmap, auf der man die Lösung findet. Die Zettel legt man verdeckt vor sich, zieht dann eine Frage und legt mit seiner Experten-Antwort los.
- Man legt sich für zu memorierende Definitionen und Fakten nach dem System von Sebastian Leitner[28] eine Lernkartei mit Kärtchen an, bei denen auf der Antwortseite auch eine Eselsbrücke stehen kann (nicht auf der Frageseite!). Statt eines echten Karteikastens kann auch ein virtueller Karteikasten verwendet werden. Dazu hat unser Student Robert Steinhauser ein kostenloses Programm entwickelt: http://www.advanced-vokabeltrainer.de (eigentlich fürs Vokabellernen gedacht, aber auch für andere Lerngebiete anwendbar).
- Man überlegt, wie das neu erworbene Wissen im Beruf oder bei Hobbys nützlich sein kann, stellt seine Ideen Arbeitskollegen und Freunden vor und diskutiert sie.
- Man überlegt, wie das neu erworbene Wissen für den Beruf oder das Hobby einer vertrauten Person nützlich sein kann und stellt seine Ideen der vertrauten Person vor und diskutiert sie.

Individualisierung der LdL-Prinzipien

Eindrücke aus meinem Leben (J.G.): Hier zwei Episoden aus meinem Unterricht an Schulen.

---

[28] Leitner (1972).

- In einem Wahlkurs "Basic Global English" bin ich mit 36 Zweitklässlern in einem viel zu kleinen Klassenzimmer. Ein Arrangement der Tische in U-Form nach dem LdL-Basisschema ist nicht möglich. Die Schüler kommen aus verschiedenen Klassen und müssen sich durch Bewerfen, Necken und blödes Anreden gegenseitig beweisen, dass sie die besseren sind. Konzentration auf das, was an der Tafel geschieht, ist kaum möglich. Nach LdL-Basisschema bilde ich bei dieser Klassengröße Vierer-Teams: doch statt an einer Aufgabe zu arbeiten, treten sich die Schüler aus den Parallelklassen gerne. Ich bin damit beschäftigt, die Schüler zu aktivieren und einige gleichzeitig wieder ruhig zu halten. In Stunde 3 breche ich genervt die Englisch-Lektion ab und führe eine Metadiskussion durch. Verfolgen wir die gleichen Ziele? Wie können wir sie erreichen? Welche Lösung gibt es für die derzeitigen Probleme? Nachdem wir uns geeinigt haben, wie ich den Unterricht auch für die mittleren und hinteren Reihen Gewinn bringender gestalten kann, wie die Schüler sich verhalten wollen und ich sie dabei unterstützen kann, wie ich bei Nichtbeachtung der Verhaltensregeln reagieren soll, funktioniert der Unterricht beinahe reibungslos. Teamaufgaben lasse ich nun in Paaren statt Vierer-Gruppen durchführen. Dies geht zwar zu Lasten meiner Aufmerksamkeit pro Team. Aber die 2er-Gruppen zeigen viel weniger Konkurrenzpotenzial, sondern eher Kooperation. Das Problem des Raummangels für ein Tisch-U löse ich durch Bilden zweier Us: ein äußeres größeres und ein inneres kleines – damit wird die Aufmerksamkeit der Schüler um ein Vielfaches besser gebündelt und damit auch eine "echte" Interaktivität im Plenum möglich, in der man anderen zuhört und auf deren Äußerungen reagiert. Eine der Lehrerinnen besucht uns und ist erstaunt, dass 5 Minuten Partnerarbeit am Stück möglich sind.
- In einem Wahlkurs "International Business English" sitzen 10 Jungen stets zusammen. Sobald ich in eine andere Richtung blicke, fangen sie durch Herumalbern an, auch den Rest der Klasse zu stören. Was kann ich tun? An der Auswahl der Themen waren sie beteiligt worden. Die Feedbackrunde bringt keine Vorschläge für inhaltliche Verbesserung. Ich setze die Gruppe daher einfach auseinander. Ich bereite die von mir geleiteten Gruppen-

arbeitsphasen so vor, dass Teilnehmer einzeln oder paarweise unterschiedliche Aufgaben durchführen müssen. Jeder muss darauf gefasst sein, seine Lösung für eine Aufgabe im Plenum präsentieren zu müssen. Des Weiteren betraue ich ein Paar unter den Störenfrieden mit der Aufgabe der Moderation. Und es wirkt: zwei Schüler tragen eine ganze Reihe von qualitativ hochwertigen Zusatzinformationen bei. Das erstaunt sogar einige Störenfried-Kameraden und lässt das Herumalbern vergessen. Sobald dieser Überraschungseffekt wieder zu verblassen erscheint, suche ich nach neuen Attraktionen inhaltlicher und/oder darstellerischer Natur.

Eindrücke aus meinem Leben (B.K.): Ich greife den letzten Punkt von Joachim Grzega auf, das Verblassen des Überraschungseffektes. Denn auch hier gilt, dass dies nicht eine allgemein gültige Realisierung der LdL-Prinzipien darstellt. Es kann auch immer wieder die gleiche Form der Darbietung gewählt sein und doch keine Langeweile aufkommen, wenn nur die Inhalte immer spannend genug abwechseln. So ist es mir in einem Seminar zur Rolle der Frau im viktorianischen England ergangen. Nachdem die ersten Studententeams die Inhalte als Theaterstück und Museumsbesuch gestaltet hatten, schafften es die nachfolgenden Teams die Inhalte an sich so spannend zu gestalten, dass die wiederkehrenden Präsentationstypen nicht langweilten, sondern für eine angenehme und besondere Atmosphäre sorgten, die ein eher beiläufiges Lernen und vor allem ein lebendiges Erleben ermöglichten.

Zusammenfassung

Fassen wir zusammen: LdL besteht nicht aus einem starren Schema, sondern ist ein Bausatz an Grundprinzipien, deren Umsetzung sich nach der konkreten Lernumgebung richtet (zeitliche und räumliche Bedingungen, Zusammensetzung der Lernergruppe, Lehrkraft, Lehrplan, sonstige rechtliche Vorgaben). Die Grundprinzipien bestehen im Kern aus effektiver und effizienter Lerneraktivierung mit einer größtmöglichen Übertragung der Verantwortung bezüglich der Unterrichtsgestaltung und einem größtmöglichen Zurücknehmen der Lehrkraft.

PISA, Bologna, Rimini?
oder
Wo führt LdL bloß hin?

PISA bezeichnet die von der UNESCO initiierten Schulleistungsuntersuchungen und steht für *Programme for International Student Assessment* ('Programm zur internationalen Schülerbewertung'). Bologna steht für den Bologna-Prozess, das sind die EU-Maßnahmen zur Schaffung eines einheitlichen europäischen Hochschulwesens mit Bachelor- und Master-Programmen aus Modulen, die sich an Kompetenzen orientieren und in Leistungspunkten ausgedrückt werden. Rimini schließlich steht für etwas Bildung in einem Miniaturpark (wie im Bildungs-Miniaturpark Italia bei Rimini) und für viel Spaß und Erholung. Was kann mit LdL wirklich erreicht werden? Dieses Kapitel bietet Raum, um Bedenken gegen LdL auszuräumen, die von Studierenden wie Lehrenden gelegentlich vorgebracht werden.

> **Eindrücke aus unserem Leben (J.G. & B.K.)**: In einer Sitzung warb eine Professorin für eine neue Form der modularisierten Studiengänge. Neben den Säulen der Fachkompetenzen hob sie auch die Wichtigkeit von Schlüsselkompetenzen hervor, was zu einer grundlegenden Diskussion der Bedeutung dieser Kompetenzen sowie ihrer Vermittlung im Rahmen der Hochschule führte. Die Integration des Lehrens auch solcher nicht-fachspezifischer Inhalte in den universitären Unterricht schien an dieser Stelle durchaus umstritten. Mittlerweile sind diese in Form von kompetenzorientierten Beschreibungen jedoch fester Bestandteil jeder Modulbeschreibung.

Hier sind die häufigsten Fragen, die bei LdL zweifelnd gestellt werden.

1. Wäre es nicht sinnvoller, LdL nur auf das deklarative und prozedurale Fachwissen gemäß Lehrplan zu beschränken, da Bildungsanstalten eben keine Erziehungsanstalten sind?
2. Führt LdL nicht dazu, dass man weniger Stoff durchnehmen kann, da man ja nicht gleich alles linear vorgesetzt bekommt? Entsteht mit Blick auf den Lehrplan nicht oft ein Zeitproblem?
3. Sind die Lerner mit einer Präsentation von neuem Stoff nicht überfordert, da sie nicht das nötige Überblickswissen haben?
4. Eignet sich LdL nicht eher bei guten und braven Lernern?
5. Zeichnen sich die von Lernern durchgeführten Stunden nicht oft durch mangelnden Tiefgang und sachliche Unsauberkeit aus, zum Teil wegen der gewählten Informationsquellen? Verfestigen sich bei fehlerhaften Präsentationen die Fehler nicht bei den übrigen Lernern?
6. Eignet sich LdL nicht eher bei Themen, bei denen es um Subjektivität und Spielerei geht?
7. Können von Lernern gestaltete Unterrichtsstunden denn jemals perfekt sein? Entsteht bei LdL nicht oft ein Gefühl der Unstrukturiertheit?
8. Ist LdL für Lerner und Lehrer nicht unverhältnismäßig zeitaufwändiger als "traditioneller" Unterricht?
9. Bedeutet LdL nicht, dass die Lehrkraft ihrer eigentlichen Aufgabe nicht nachkommt?
10. Kann man mit Kontrollgruppen nachweisen, dass LdL funktioniert?

Im Folgenden sei auf die Fragen kurz eingegangen[29].

Die Rolle von allgemeinen Schlüsselkompetenzen

Frage 1: Wäre es nicht sinnvoller, da Bildungsanstalten eben keine Erziehungsanstalten sind, LdL nur auf das deklarative und prozedurale Fachwissen gemäß Lehrplan zu beschränken? – Gegenfrage: Worauf wollen wir Lerner vorbereiten? In der Tat sind Bildungsinstitutionen keine Erziehungsinstitutionen. Dennoch scheint es ratsam, bestimmte

[29] Vgl. dazu zum Teil die Vorversionen, speziell zum Hochschulkontext, in Grzega (2003).

Erziehungsaufgaben bei elterlichem Versäumen im Basisbereich einfach nachzuholen, wenn sie dem Bildungsziel ebenfalls dienlich sind. Freilich wäre auch zu diskutieren, was überhaupt unter *Bildung* verstanden sein soll bzw. inwiefern weitverbreitete Auffassungen von Bildung allgemeingültig sein können. Warum soll die Lektüre von *Faust* dazugehören, aber nicht die Lektüre von *Harry Potter*? Warum sollen die topographischen Gegebenheiten der verschiedenen Regionen der Welt dazugehören, aber nicht deren Gebräuche und Werte? Warum soll abstraktes-theoretisches Wissen zur Bildung dazugehören, nicht aber praktisches Wissen und Können? So schreibt etwa Werner Fuld[30] in seinem Buch zu Recht: "Erinnern Sie sich an die erste Staffel von 'Big Brother'? [....] Da gab es einen aus Mazedonien stammenden Automechaniker namens Zlatko T., der nicht wusste, wer Shakespeare war und den Namen noch nie gehört hatte. Ein gefundenes Fressen für die Kulturhyänen und Bildungsheuchler der Feuilletons [....]. Wer den Namen 'Shakespeare' nicht kennt, darf als habitueller Idiot niedergeschrieben werden. Nur waren die Schreiber ebenjene Ignoranten, die ihre Dienstwagen beim geringsten Geräusch in der Werkstatt abliefern und nicht wissen, warum sie einen Vergaser im Auto haben. Im Gegensatz zu Zlatko hätten sie keine einzige Schraube an dem Auto wechseln können und noch nicht einmal deren richtige Bezeichnung gewusst." Wir stimmen zwar in etlichen Punkten nicht mit dem überein, was Fuld in seinem Buch ausführt, dennoch geht für uns der Buchtitel in die richtige Richtung: *Die Bildungslüge – warum wir weniger wissen und mehr verstehen müssen.*

Wir möchten außerdem nochmal deutlich machen, was wir als Schlüsselkompetenzen hier genannt haben und was sich auch in vielen anderen Definitionen von Schlüsselkompetenzen (oder Schlüsselqualifikationen oder "soft skills") findet:

- gutes Allgemeinwissen
- Selbstkompetenzen wie jene der Selbstreflexion, des Umgangs mit der eigenen Freiheit, der Kritikfähigkeit, des explorativen Verhaltens zur Erlangung von Kontrollkompetenz, jene des Aushaltens von Unbestimmtheit bzw. Unschärfe und jene der heuristischen Kompetenz, d.h. eines hohen Maßes an Zutrauen in die eigene Problemlösefähigkeit bei unbekannten Situationen

[30] Fuld (2004: 11f.).

- Sozialkompetenzen wie jene des Moderierens, der Führungskompetenz und der Teamarbeit im virtuellen und realen Raum, eine Ethik des Verantwortungsbewusstseins, der interkulturellen und transkulturellen Kompetenz
- Methodenkompetenzen wie jene der Projektmanagementkompetenz, der Informationsbeschaffung, der Wissensgenerierung und des Wissenstransfers und letztlich der Fähigkeit, Wissen für die Lösung gesellschaftlicher Probleme unter Berücksichtigung ethischer Werte einsetzen zu können (Jean-Pol Martin nennt dies "Weltverbesserungskompetenz")

Wir meinen, dass die hier aufgezeigten allgemeinen Schlüsselkompetenzen nicht als einzelfachirrelevant, sondern als einzelfachübergreifend zu verstehen sind. Sie lassen sich durchaus auch in den Lehrplänen (oft in allgemeinen Absätzen) wiederfinden. Sie haben daher ihre volle Berechtigung im Fachunterricht. Als weniger Gewinn bringend haben wir Kurse beobachtet, die für eine spezifische allgemeine Schlüsselkompetenz durchgeführt werden, wenn nicht auch ein gewichtiger Schwerpunkt auf den Inhalt gelegt wird; besser ist es, die Nützlichkeit direkt sichtbar werden zu lassen[31].

---

[31] Ähnlich schreibt Hüther (2011: 106): "Haltungen wie Achtsamkeit, Selbstdisziplin, Zuverlässigkeit oder Verantwortlichkeit lassen sich nicht durch Dressurmethoden erzeugen, die kann man weder unterrichten noch trainieren. Wer möchte, dass Kinder, Jugendliche und Erwachsene sich solche Haltungen zu eigen machen, müsste ihnen Gelegenheit bieten, den Nutzen von Disziplin, den Nutzen von Verlässlichkeit, den Nutzen von Umsicht und Achtsamkeit zu erfahren." An dieser Stelle sei auf die an Schulen beliebten Methodentrainings von Klippert verwiesen, mit denen Schüler das Lernen lernen sollen, so dass sie letztlich EVA (eigenverantwortliches Arbeiten und Lernen) betreiben können (vgl. etwa Klippert 2000: 35). Zwar schreibt Klippert (2000: 38), dass Methoden nicht einem Selbstzweck dienen, wirbt dann aber sehr für separate Trainings und sieht Fachkompetenz lediglich als eine von fünf Schlüsselkompetenzen an (neben Lern- und Arbeitskompetenz, Kommunikationskompetenz, Teamkompetenz und Persönlichkeit). Im Gegensatz zu Klipperts Erfahrungen haben wir beobachtet und erlebt, dass fachübergeifende Kompetenzen sehr wohl effektiv und effizient an fachspezifischen Themen trainiert werden können – und dies nicht nur in marginaler Form. Wir meinen auch, dass das Trainieren von Lern- und Arbeitstechniken vor allem dann erfolgreich ist,

Wir schließen uns dem vom Unternehmensmanager zum Literaten und Gesellschaftskritiker gewandelten Daniel Goeudevert an: "Bildung ohne ethische Maßstäbe ist keine"[32]. Damit zusammen hängt auch das Üben des Umgangs mit der eigenen Freiheit. Denn es steckt auch im Menschen, Verantwortung gerne abzugeben.

Die verarbeitbare Stoffmenge

Frage 2: Führt LdL nicht dazu, dass man weniger Stoff durchnehmen kann, da man ja nicht gleich alles linear vorgesetzt bekommt? Entsteht mit Blick auf den Lehrplan nicht oft ein Zeitproblem? – Gegenfrage: Wieso sollte man lediglich viel Stoff durchbringen wollen, wenn die

---

wenn es mit konkreten Anlässen verbunden ist. Tipps zur Vorbereitung auf Klassenarbeiten werden gern vergessen, wenn die Klassenarbeit noch in gefühlter Ferne liegt. Manche von Klipperts Vorschlägen halten wir für das Methodentraining im Fachunterricht brauchbar – z.B. Übungen zum Zeichnen von Grafiken, Übungen zur Verwendung von Nachschlagewerken, die Arbeit mit Richtig-oder-Falsch-Übungen, das Besprechen von Fallbeispielen zu Arbeits- und Lerntechniken und die Lernempfehlungen selbst. Bei vielen Vorschlägen fragen wir uns allerdings zumindest, ob diese wirklich effiziente Methoden zu fachspezifischen oder allgemeinen Lernkompetenzen darstellen. Manche Übungen erscheinen unnötig viel Zeitaufwand zu erfordern. Manche Spiele haben Regeln für Punkteverteilung, Stein-Zurücksetzen und Aussetzen-Müssen, deren Sinn für den Lernzweck sich nicht erschließt. Es gibt eine Reihe von Lückentextaufgaben, bei denen die Lösungen am Ende des Blattes stehen; dabei lassen sich viele Lücken einfach so füllen, dass man in den Lösungswörtern jenes mit der passenden grammatischen Form heraussucht – und eben gerade nicht über die Inhalte nachdenken muss. In Übung B15a muss man Wörter in eine alphabetische Reihenfolge bringen, wobei man in der Lösungsliste schon die ersten 4 Buchstaben vorgesetzt bekommt, z.B. *Magd...* usw.; unter den Lösungswörtern befindet sich dann allerdings ohnehin nur 1 Wort mit *Magd...* usw., so dass wieder keine rechte kognitive Leistung vom Schüler erbracht werden muss. In Übung B6c soll man aus 3 Thesen die falsche herausfiltern; aber die übrigen beiden sollen auch jeweils einen Fehler enthalten. Bei vielen Übungen muss man Silben in eine richtige Reihenfolge bringen, etwa um das Zusammenfassen von Absätzen zu trainieren. Aber warum lässt Klippert statt Absatzüberschriften herauszufinden nicht einfach Absatzüberschriften frei formulieren?

32 Goeudevert (2008: 134). Man vergleiche ferner Erlinger (2011).

Lerner dann zwar viele Informationen haben, diese aber weder richtig verstehen noch richtig anwenden können? Manchmal mag es sein, dass man weniger Punkte schafft, wenngleich uns Jean-Pol Martins Klassen eines anderen belehrten. Doch es gilt auch: Weniger ist mehr! Qualität vor Quantität! Lerner müssen nicht nur kennen, sondern auch können. Dies ist auch das Ziel von PISA. Doch um neue Gebiete kennen zu lernen und darin auch etwas zu können, bedarf es Möglichkeiten, sich mit dem Gebiet vertraut zu machen. Nur so können gute "kognitive Landkarten" entstehen. Frontalunterricht hat hier mehr oder minder ausgedient, es sei denn, er wird eher unterhaltend und anziehend konzipiert. In der Tat ist die Zeit ein gewisses Problem in LdL-Stunden. Doch sollte auf Grund des Zeitdrucks nicht jede engagierte Diskussion abgewürgt oder der Drang nach Nachfragen gebremst werden. Wenn der Stoff nicht gänzlich behandelt werden kann, kann man die restlichen Informationen evtl. in schriftlicher Form weitergeben (per eMail) oder in der nächsten Sitzung nachholen. Grundsätzlich kann man die Experten-Lerner bitten, "ihre" Sitzungen immer so zu planen, dass der Lehrkraft am Ende noch 5-10 Minuten bleiben. Diese kann die Restzeit dann auf vielfältige Weise nutzen: nochmalige Zusammenfassungen, Nachholen und Ergänzen von Inhalten, Informationen zu Fachliteratur, Metadiskussionsphasen usw.

Das Anforderungsniveau

Frage 3: Sind die Lerner mit einer Präsentation von neuem Stoff nicht überfordert, da sie nicht das nötige Überblickswissen haben? – Gegenfrage: Haben Lehrkräfte das Recht, Lerner in die Unterforderung, in die Passivität, in die Entmündigung, in die geistige Verarmung zu führen? Lehrkräfte sollten den natürlichen Forscherdrang und die natürliche Motivation nicht durch Demotivierung verkümmern lassen[33]. Auch Jean-Pol Martin ist überzeugt: "Ein auf Leistung abzielender Unterricht [ohne Angst einzuflößen, die in aller Regel blockiert] wird in besonderem Maße die drei höheren Kategorien mobilisieren, nämlich das

[33] Dass Motivation grundsätzlich gegeben ist, entspricht dem Stand der heutigen Forschung (cf. etwa Sprenger [1999], Spitzer [2002: 175ff., 193, 195] und Malik [2000: 118]). Man hat also nur Demotivation zu verhindern; wer motivieren muss, hat im Prinzip schon verloren.

Bedürfnis nach sozialer Anerkennung, das Selbstverwirklichungsbedürfnis und das Bedürfnis nach Transzendenz, also das Bedürfnis, dem eigenen Leben einen Sinn über die eigene Existenz hinaus zu verleihen"[34]. Es gilt daher, Forschung und Lehre nicht getrennt zu sehen, sondern miteinander zu verknüpfen, die Universität zu einem großen Labor zu machen und Studierenden eine Plattform zur Selbstverwirklichung anzubieten; meist wird nämlich unterschätzt, nicht überfordert. Im Übrigen zeigt uns eine Reihe von Studien aus der Lern- und Motivationspsychologie, dass die kognitiven Effekte bei Überforderung viel höher sind als bei Unterforderung. Ähnliches liest man in der Management-Literatur, etwa bei Malik: "Eine wesentliche Quelle von Langeweile und Frustration ist die Oberflächlichkeit"[35]. Und zweitens kann nur so der Erwerb von Schlüsselqualifikationen gelingen. Die Lehrkraft zeigt also auf, wie die Studierenden selbst Kontrolle über ein Gebiet erwerben können. Wer nicht Gelegenheit bekommt, mit fachwissenschaftlichen Inhalten auf verschiedene Weise zu "spielen", also auszuprobieren, auf welch verschiedene Weise sie präsentiert werden können, kann weniger gut "be-greifen". "Die besten Eselsbrücken sind diejenigen, die man sich selber macht: In diesem Fall hat man *durch das Bauen der Brücken im Geist* den Inhalt x-mal hin- und hergewendet, über ihn nachgedacht, und ihn genau dadurch im Gedächtnis verankert", so Manfred Spitzer[36].

Frage 4a: Eignet sich LdL nicht eher bei guten Lernern? – Gegenfrage: Was ist ein guter Lerner? LdL will ja mehr als nur zu guten Fachnoten führen. Jeder hat andere Stärken und Schwächen. Man kann Lernern, die in mehreren Kompetenzen noch Trainingsbedarf haben, eben zunächst weniger komplexe Aufgaben geben (z.B. Erstellen von Wiederholungsaufgaben, Übernahme von Moderationen, Erstellen von Lehrmaterial ohne Präsentation usw.).

Frage 4b: Eignet sich LdL nicht eher bei braven Lernern? – Gegenfrage: Welche Kompetenzen vermitteln wir dann wie den nicht-braven Lernern? Natürlich muss auch die Lehrkraft sich bei LdL wohl fühlen. Freilich kann einmal eine Notwehr-Maßnahme nötig sein, bei der eine Störung rasch unterbunden wird. Ziel ist aber, "Stör"-Energie langfristig in "Stoff"-Energie umzuwandeln. Gerade mit LdL ist es möglich, gemeinsam etwas Stoff-Bezogenes zu finden, bei dem Lernende "Stoff"-

---

34 Martin (2003).

35 Malik (2000: 86).

36 Spitzer (2002: 9, ähnlich auch 155)

Energie als sinnvoll empfinden? Sollten sich die Lerner mit Stoff auseinandersetzen müssen, für den sie sich tatsächlich gar nicht interessieren, so werden ihnen dank der LdL-Ziele Möglichkeiten gegeben, Schlüsselqualifikationen zu trainieren oder auch die im späteren Leben mögliche Aufgabe, eine ungeliebte Sache erledigen zu müssen.

Das Bearbeitungsniveau

Frage 5a: Zeichnen sich die von Lernern durchgeführten Stunden nicht oft durch mangelnden Tiefgang und sachliche Unklarheit aus, zum Teil wegen der gewählten Informationsquellen? – Gegenfrage: Wie sehr tauchen bei von der Lehrkraft geführten Stunden die Lerner eigentlich ins Thema ein? Wie klar war eine Lehreräußerung für alle anwesenden Lerner? Naturgegeben ist bei LdL der Tiefgang für die Lerner viel größer, da sie sich ja viel mehr mit dem Stoff auseinandersetzen und Ideen und Erfahrungen einbringen können und müssen, die die Lehrkraft nicht zur Verfügung stellt bzw. stellen kann. Möglicherweise werden keine hochtrabenden philosophischen Dialoge geführt, aber dass die traditionellen hochtrabenden philosophischen Monologe zur Vergrößerung von kognitiven Landkarten beim Lernenden beitragen, darf bezweifelt werden. Bezüglich der Informationsquellen richtet sich die Kritik meist gegen den verstärkten Gebrauch des Internets als Informationsquelle. Daraus folgt jedoch nicht, dass dem Internet grundsätzlich zu misstrauen ist; auch gedruckt findet sich ja viel Unsinn. Ziel muss also sein, den Lernenden Hilfen zu geben, wie sie die Informationen aus dem Internet bewerten können. Viel eher ist auf die ungeheuren Chancen des Internets für die Akquirierung von Ressourcen hinzuweisen (über Suchmaschinen, Datenbanken, thematische Websites, eMail-Verteiler und Diskussionsforen[37], Chatrooms und Ähnlichem). Zusätzlich wird das Bemühen um Praxis- und Öffentlichkeitsbezug oft mit mangelndem Tiefgang und Unwissenschaftlichkeit verwechselt; dabei wird vergessen, dass Wissenschaft durchaus der Gesellschaft und nicht nur sich selbst dienen soll. Dies entspricht dem natürlichen Wissensdrang,

[37] Diese sind besonders geeignet, um sich in der Bindung von menschlichen Ressourcen zu üben. Martin (2002) spricht auch von "Fidelisierung der Abnehmerschaft". Darüber hinaus ermöglichen Diskussionsforen ein kontinuierliches Weiterentwickeln von Ideen zwischen den festen Unterrichtseinheiten.

wie man auch bei Spitzer lesen kann: "Es sind die Lebensbedingungen insgesamt und nicht die Lehrpläne, die festlegen, was gelernt wird"[38]. Für ihn gilt daher: "Es geht *nicht* um das Festlegen von Inhalten, die zu vermitteln sind. Es geht vielmehr um die Schaffung von Lebensbedingungen, unter denen das Richtige überhaupt erst gelernt werden kann"[39]. Freilich darf die Lehrkraft Verordnungen nicht einfach übergehen; aber sie kann versuchen, das Beste aus äußeren Zwängen zu machen.

Frage 5b: Verfestigen sich bei fehlerhaften Präsentationen die Fehler nicht bei den übrigen Lernern? – Gegenfrage: Wenn sich Fehler angeblich sofort bei den Lernern manifestieren, warum haben dann nicht alle Lerner sofort die Note 1 oder 2, wenn eine Lehrkraft von vornherein das Richtige präsentiert? Die Gegenfrage zeigt, wie absurd die Vorstellung von der Wirkung falscher Tafelanschriften oder falscher Aussagen ist. Ein Fehler gibt vielmehr die Chance zur vertieften Bearbeitung. Und vertiefte Bearbeitung führt zu besserer Verankerung im Gedächtnis.

Die Themenwahl

Frage 6: Eignet sich LdL nicht eher bei Themen, bei denen es um Subjektivität und Spielerei geht? – Gegenfragen: Welche Themen sind ausschließlich von Objektivität und Ernst geprägt? Die reine Objektivität gibt es in keinem Fach. Jede Begrifflichkeit, jede Einteilung der Welt ist subjektiv konstruiert. Dies gilt auch in den Naturwissenschaften – zum Beispiel ist Pluto ein Planet nach der Definition von 2005, aber keiner nach der heutigen Definition. Und auch Literaturwissenschaft, Soziologie, Politologie, Musik sind für LdLianer keine "Laber"-Fächer, denn auch interpretatorische Äußerungen müssen immer mit Argumenten versehen und in einen größeren Zusammenhang eingebettet werden. Allerdings sind dabei individuell erschaffene Gedankengebäude mehr erlaubt als in anderen Fächern, wo man mehr um intersubjektives Wissen bemüht ist. Bei allem Erkenntis- bzw. Wissensgewinn ging es in der Geschichte der Wissenschaft auch immer um gedankliche oder dingliche Spielerei. Damit wären wir beim zweiten Begriff. Vielfach ist mit Spielerei das hohe Maß an Interaktivität, zum Teil mit Postererstellung, Rollenspielen, Stationenquiz und Ähnliches, gemeint. Hier besteht in der Tat für LdL-Neulinge die Gefahr, dass sie Interaktivität nur um der

[38] Spitzer (2002: 451).
[39] Spitzer (2002: 452).

Interaktivität oder Unterhaltung willen einbauen (lassen). Bei gutem LdL wird aber jeder Weg auf ein bestimmtes Lernziel hin ausgewählt, d.h. es wird geprüft, ob eine Postererstellung, ein Rollenspiel oder beispielsweise ein Stationen-Quiz für das anvisierte Lernziel geeignet ist. So wird vermieden, dass das Phänomen der "ineffektiven Interaktivität" eintritt. Auch Lernforscher Manfred Spitzer schreibt: "Das *Fach* muss im Mittelpunkt stehen, nicht irgendwelche Tricks zur 'Vermittlung' von 'Stoff' [...] und schon gar nicht die Beherrschung von computergestütztem Kintop und anderem bunten Ablenkungskrimskrams"[40]. Mit anderen Worten: Auch PowerPoint soll nicht gewählt werden, nur um zu demonstrieren, wie gut man PowerPoint beherrscht. Die Unterrichtsform muss Diener des Unterrichtsinhalts sein und nicht umgekehrt. Im Übrigen lässt sich bei LdL ebenso die Ansicht vertreten, dass im Kern die Ergebnisse Freude machen sollen, mag der Weg auch steinig sein[41].

Das didaktische Niveau

Frage 7: Können von Lernern gestaltete Unterrichtsstunden denn jemals perfekt sein? Entsteht bei LdL nicht oft ein Gefühl der Unstrukturiertheit? – Gegenfragen: Was ist perfekt? Und sind in diesem Sinne Unterrichtsstunden von Lehrkräften immer perfekt? Gerade Schüler scheinen die Lehrkraft in der gewählten Didaktik gerne als Modell zu nehmen, sodass die Lehrkraft zunächst ein Bild ihrer Selbst erhält. Perfekt heißt letztlich, dass etwas so gestaltet wird, dass die Lerner die zu vermittelnden Kompetenzen erwerben bzw. verbessern. Das sind oftmals gerade nicht die Stundenverläufe, die einer Lehrkraft als "rund" erscheinen – etwa wenn die Schüler ruhig waren, bei Fragen schnell die richtige Antwort kam, keiner eine Nachfrage gestellt und der Unterrichtsstoff zügig präsentiert werden konnte. Gerade das Holprige hingegen bietet Anlass zur Diskussion und Reflexion und damit wieder zu einer intensiveren Beschäftigung mit dem Stoff, der in der Folge von Lernern besser "kontrolliert" und zu einer kognitiven Landkarte mit schärferen Konturen entwickelt werden kann. Spätestens am Ende einer thematischen Einheit sollte strukturiertes Wissen stehen (Stichwort:

40 Spitzer (2002: 194).

41 Für das Berufsleben propagiert dies etwa Malik (2000: 84f.) – wider der seiner Ansicht nach falschen pauschalen Forderung nach Spaß bringender Arbeit.

Linearität a posteriori). Möglichkeiten, Linearität a posteriori festzuhalten, sind: Erstellen einer schriftlichen Zusammenfassung, Hinweise auf die einschlägigen Stellen in der Lektüre usw. Andererseits ist den Lernenden auch klar zu sagen, dass es oftmals ohne Vor- und Nachbereitung nicht geht. Insbesondere, wenn eine neue Fachterminologie einstudiert werden muss, sind Daten und Informationen oft schon in der Vorbereitung auf eine Stunde zu sichten und "gefestigtes" Wissen mag sich erst in der Nachbereitung einstellen.

Der Zeitaufwand

Frage 8a: Ist LdL für Lerner nicht unverhältnismäßig zeitaufwändiger als "traditioneller" Unterricht? – Gegenfrage: Was ist Zeit? Es gibt messbare Zeit und gefühlte Zeit. Ein messbar größerer Zeitaufwand wird von Schülern und Studierenden nicht immer gefühlt, weil der persönliche Nutzen groß genug ist. Da es aber nicht nur um persönlichen Nutzen, sondern auch um Noten geht, und da vor allem die Diskrepanz zwischen LdL und Frontalunterricht groß ist, sorgt eine LdL-Lehrkraft dafür, dass der Mehraufwand für die Vorbereitung von Unterrichtssequenzen und Leistungsnachweisen durch einen Minderaufwand an anderer Stelle kompensiert wird und die Schüler und Studierenden somit auch ausreichend Zeit für ihre anderen Fächer und Kurse haben. In jedem Falle sollte fair mit der Zeit der Lerner umgegangen werden. Vereinbarte Termine sollten für Lerner wie Lehrer gelten.

Frage 8b: Ist LdL für Lehrer nicht unverhältnismäßig zeitaufwändiger als "traditioneller" Unterricht? – Gegenfrage: Was ist Zeit? Die Ausführungen unter Frage 8a zu gemessener und gefühlter Zeit gelten auch für die Seite der Lehrkraft. Zur Reduktion des bei LdL unter Umständen höheren Betreuungsaufwandes gibt es beispielsweise folgende Möglichkeiten:

- Manche Lerner-Fragen tauchen immer wieder auf, so dass man sich für diese automatisierte eMails überlegen kann, die man aus einer separaten Datei heraus kopiert.
- Bei Klausuren erhalten alle Lerner Musterlösungen ausgeteilt bzw. per eMail zugesandt. Die individuellen Korrekturen

enthalten keine Musterlösungen, nur Urteile zur Art eines Fehlers.
- Statt individuelle Lerntipps auf Klausuren zu vermerken, teilt man generelle Hinweise aus. Dabei bittet man die Lerner, selbst zu prüfen, ob sie vorwiegend Probleme bei Reproduktions-, Reorganisations-, Transfer- oder Problemlöseaufgaben haben und gibt dementsprechend Tipps. Selbstverständlich bietet man aber auch persönliche Beratung an.
- Bewertungen von Hausarbeiten erfolgen über ein Kriterienformular. Bei Verstößen gegen ein Kriterium kann man die entsprechende Seitenzahl hinter das Kriterium schreiben und in der Arbeit die Nummer des Kriteriums, gegen das verstoßen wurde.
- Für Beurteilungen von Referaten und mündlichen Prüfungen hält man ebenfalls einen Kriterien-Zettel bereit. Eine interessante Bewertungsalternative ist das Peer-Reviewing. Dabei bewerten zwei Mitstudierende anhand des vorgefertigten Bewertungsformulars die Leistung des Teams, das mit der Sitzungsleitung beauftragt ist. Diese Methode lässt man auch anwenden, wenn man selbst einmal an einer Sitzung (z.B. auf Grund von Krankheit) nicht teilnehmen kann.

Im Übrigen ist die Befürchtung, dass die Stoffbehandlung länger dauere, ebenfalls ein Trugschluss, der sich bei LdL-unerfahrenen Lernern ergeben kann. Zu Beginn kann es nämlich durchaus einer längeren Eingewöhnungsphase bedürfen; allerdings steigt die Schnelligkeit der Lerner merklich, wenn sie sich an das stetige Aktivsein(-Müssen) gewöhnt haben.

Das Engagement der Lehrkraft

Frage 9: Bedeutet LdL nicht, dass die Lehrkraft ihrer eigentlichen Aufgabe nicht nachkommt und einen "faulen" Eindruck erweckt? – Gegenfrage: Was ist die eigentliche Aufgabe einer Lehrkraft? Im Prinzip wird hier genau das Gegenteil von Frage 8 postuliert. Bei der Frage schwingt mit, dass LdL etwas für "faule Lehrkräfte" ist, die den Unterricht nicht vorbereiten wollen und sich im Unterricht zurücklehnen wollen. Leider missbrauchen in diesem Sinne manche Lehrkräfte den LdL-Begriff tatsächlich. Eine LdL-Lehrkraft sieht ihre Aufgabe darin, ihren Schülern fachliches Fakten- und Handlungswissen zu vermitteln und ihnen allgemeine Schlüsselkompetenzen beizubringen. Dazu werden Lehraufgaben abgegeben. Aber die Lehrkraft ist dennoch aktiv: sowohl bei der Unterrichtsvorbereitung (bei der sie Rat gebend zur Seite steht) als auch im Unterricht selbst (in dem sie Verstehensprozesse und Kommunikationsprozesse zu beobachten sucht und gegebenenfalls helfend einschreitet). Die Lehrkraft ist bei LdL nicht vorwiegend "Entertainer", sondern "Trainer" und Lernpartner.

Nachweis der Effektivität und Effizienz von LdL

Frage 10: Kann man mit Kontrollgruppen nachweisen, dass LdL funktioniert? – Gegenfrage: Welche Kontrollgruppen bräuchte man denn? Häufig wird die Frage gestellt, ob LdL wirklich besser als andere Methoden ist, und der Fragensteller hätte dann am liebsten empirische Forschung, bei der mit Kontrollgruppen gearbeitet worden ist. Hier wäre zunächst zu klären, was mit "besser" gemeint ist. Man muss sich nämlich vor Augen halten, dass Methoden nicht generell vergleichbar sind, sondern immer nur mit Blick auf bestimmte Ziele. Wenn die zu vergleichenden Ziele geklärt sind, muss dann im nächsten Schritt zwischen Effektivität (wird das Ziel erreicht?) und Effizienz (mit wieviel Aufwand wird das Ziel erreicht?) unterschieden werden. Wenn wir uns noch einmal die Ziele des Konzepts LdL anschauen, wird man nämlich feststellen, dass es anderen gängigen didaktischen Konzepten nicht um Ziele geht, die außerhalb des Fachkontextes liegen. Zwar werden im Bildungsbereich Lernziele immer mehr in Form von Kompetenzen formuliert, doch handelt es sich dabei in der Regel um fachbezogene Kompetenzen. Der originäre Mehrgewinn an LdL war (und ist prinzipiell), dass allgemeine Schlüsselkompetenzen immer mit vermittelt werden sollen. Mit Ausnahme einer Klassenleiterin bzw. eines Klassenleiters scheinen sich Lehrer im deutschsprachigen Raum im Wesentlichen als Vermittler von Fachwissen zu verstehen. Dies ist im Übrigen auch ein häufiger Einwand von Fortbildungsteilnehmern gegen LdL: dass Schlüsselkompetenzen sie eigentlich ja nichts angingen. Ein Vergleich von LdL mit anderen Methoden ist also nur auf der streng fachbezogenen Ebene sinnvoll. Und hier stellt sich für uns vor allem die Frage, ob mit LdL zumindest gleich gut fachbezogenes Fakten- und Handlungswissen erreicht werden kann. Allerdings sei gleich angemerkt, dass ein Vergleich von zwei Methoden streng genommen nur dann sinnvoll ist, wenn eine Variable untersucht wird und keine anderen Variablen stören. Störende Variablen wären: verschiedener Stoff, verschiedene Lehrkräfte, verschiedene Klassendynamik, verschiedene Tageszeit, verschiedene Lernumgebungen etc. Man sieht schnell, dass die Kontrollgruppen-Methode aus Laborexperimenten für eine Beobachtung und Bewertung von tatsächlichem Unterrichtsgeschehen kaum fruchtbar ist. Dennoch sollen hier einige Anmerkungen vorgenommen werden.

Obwohl es immer noch eine ganze Reihe von Anhängern eines großflächigen Frontalunterrichts gibt, gilt diese Methode als am wenigsten effektiv. Ein Vergleich zwischen LdL und Frontalunterricht würde zu einem geringen Erkenntnisgewinn beitragen. Anders sieht es aus, wenn wir den aktivierenden schülerzentrierten LdL-Unterricht einem ebenfalls aktivierenden, aber lehrerzentrierten Unterrichtskonzept gegenüber stellen. Dies ist im Rahmen zweier Wahlkurse "International Business English" erfolgt[42]. Unter anderem wurden in zwei aufeinander folgenden Doppelstunden die Themen "Small Talk" und "Big Talk/Hauptgesprächsthema" in verschiedenen Ländern wie USA, China, Russland behandelt, und zwar in den beiden Gruppen auf unterschiedliche aktivierende Weisen. Gruppe A bekam das Thema "Small Talk" mit aktivierenden Mitteln, aber lehrerzentriert vermittelt, das Thema "Big Talk" dagegen lernerzentriert, nach LdL. In Gruppe B war die Verteilung genau umgekehrt. Es wurden pro Gruppe zwei Expertenpaare auserwählt, die für je einen Teil der Stunde verantwortlich sein sollten. Beim Thema "Small Talk" wurden die Experten erst in der Stunde ausgewählt und mit Musterlösungen zu den zugeteilten Aufgaben versehen; für die "Big Talk"-Stunde wurden die Experten bereits eine Woche vorher mit Materialien versehen. In der Sitzung, die diesen beiden folgte, wurde dann unangekündigt ein Test geschrieben. Der Test bestand für den Small-Talk-Teil aus dem den Schülern bekannten Aufgabentyp, Behauptungen zu bestätigen oder zu korrigieren ("Statements: True or False?"). Der Bereich "Big Talk" wurde durch einen unbekannten Aufgabentyp abgeprüft, nämlich durch die Ergänzung von englischen Dialogen zu unterschiedlichen Geschäftssituationen. Im ersten Teil konnten 7 Punkte, im zweiten Teil 17 Punkte, insgesamt also 24 Punkte erzielt werden.

---

42 Vgl. die Zusammenfassung der Studie in Grzega/Guttenberger/Grupe (2009).

Zunächst galt die Aufmerksamkeit den Schüler-Experten, bei denen man erwarten könnte, dass sie Punktsummen im oberen Drittel erzielen. Bei den Schüler-Experten scherte die Leistung eines Schülers aus, der ursprünglich wegen einer bevorstehenden Klassenarbeit gar nicht erscheinen wollte und nur auf meine Bitte hin, ohne von einem Test zu ahnen, vorbeigekommen war (im Gegensatz zu einer anderen Schüler-Expertin, die leider nicht zu dieser Stunde erschien). Alle anderen anwesenden Schüler-Experten erzielten mindestens 70 Prozent in ihren Expertenbereichen. Viel wichtiger aber war festzustellen, dass, obwohl es sich um ein Wahlfach am Nachmittag handelte und der Test nicht angekündigt war, alle Schüler mindestens 8 Punkte, also erfreuliche 33,3 Prozent, erzielten. Dies mag man auf den grundsätzlich handlungsorientierten Unterricht zurückführen. In jedem Falle zeigt sich damit auch, dass LdL den Erfolg der Nichtexperten keineswegs beeinträchtigt. Es traten bei den Gruppenergebnissen keine signifikanten Leistung-Methode-Korrelationen zu Tage. Gruppe A hatte im Small-Talk-Teil durchschnittlich 5,89 Punkte, im Big-Talk-Teil 8,78 Punkte, insgesamt 14,67 Punkte; Gruppe B erzielte 4,79 Punkte bzw. 8,36 Punkte, also insgesamt 13,14 Punkte.

Besonders erfreulich sind auch zwei Beobachtungen zur Leistung von LdL-Lernern bei überörtlich zentralisierten Prüfungen. Unter Jean-Pol Martins Leistungskurs-Absolventen haben alle beim zentralen bayerischen Abitur mindestens eine zweistellige Note auf der 15-Punkte-Notenskala erreicht. Und von jenen Studierenden, die sprachwissenschaftliche Themen auf der Einführungskurs-, auf der Seminar- und auf der Examensvorbereitungsebene nach LdL erarbeitet haben, haben alle die Sprachwissenschaftsprüfung im zentralisierten bayerischen Staatsexamen bestanden, und gemäß den Prüfertreffen in den Jahren 2005 bis 2010 konnte dieser Erfolg für kein anderes didaktisches Konzept genannt werden. Wie bereits erwähnt, ist aber die Beherrschung des Stoffes nur eine Fähigkeit, die mit LdL trainiert werden soll.

Da der Erwerb von allgemeinen Kompetenzen bei anderen Methoden allenfalls eine marginale Rolle spielt, ist eine vergleichende Studie nicht sinnvoll. Wie aber will man den Erwerb von Kompetenzen wie Empathie, Disziplin usw. messen? Hier scheint sich insbesondere ein Fragebogen zur Selbsteinschätzung zu eignen. Im Hochschulbereich haben wir zwei Fragenbogenstudien[43] zu sprach-, literatur- und kultur-

---

[43] Vgl. Grzega/Schöner (2008) und Grzega/Klüsener (2011).

wissenschaftlichen Kursen durchgeführt, also bewusst didaktische Kurse ausgeklammert. Dabei wurde ehemaligen Studierenden ein Fragebogen ausgeteilt, auf dem sie anonym Aussagen zu erworbenen Kompetenzen mit “Stimme voll zu”, “Stimme eher zu”, “Stimme eher nicht zu” und “Stimme gar nicht zu” beurteilen sollten. Eine solche Bewertungsreihe nennt sich nach einem US-amerikanischen Sozialpsychologen Likert-Skala. Es handelte sich im Fragebogen um folgende zwölf kompetenzbezogene Aussagen.

1. Ich habe neues Fachwissen erworben, das ich auch mit schon vorhandenem Wissen zu einem neuen Gesamtbild verbinden konnte.
2. Ich kann anderen Menschen Kenntnisse nun besser vermitteln.
3. Mir fallen nun eher Fragen zu einem Themenbereich ein.
4. Mir fällt es nun leichter, Fragen für andere verständlicher zu stellen.
5. Ich kann nun auf Fragen schneller begründete Antworten geben.
6. Ich kann nun besser im Team arbeiten.
7. Ich kann mir nun schneller Informationen besorgen.
8. Es fällt mir leichter, den Wert von Informationen für eine bestimmte Fragestellung besser einzuschätzen.
9. Ich habe Kompetenzen erworben, die mir auch in anderen Bereichen meines Lebens hilfreich sind.
10. Ich lasse mich nun leichter auf unbekannte Wissensgebiete ein.
11. Ich lasse mich nun leichter auf unbekannte Situationen im Allgemeinen ein.
12. Mir fällt es nun leichter, komplexe Situationen und Probleme überschaubar zu machen.

Es nahmen 97 der rund 300 angeschriebenen Personen an dieser Umfrage teil. Bei allen Aussagen lag der Zentralwert der Antworten (der sog. Median) auf der Likert-Skala von 1 (= “Stimme voll zu”) bis 4 (= “Stimme nicht zu”) unter 2,5 – d.h. alle Zentralwerte lagen eher auf der “zustimmenden Seite”.

In einem zweiten Fragebogen mit Likert-Skalen wurden aktuellen Studierenden unserer Kurse aus der Sprachwissenschaft und Literaturwissenschaft folgende Aussagen vorgelegt.

Dank dem interaktiven Unterrichtskonzept von {J.G./B.K.} ...

1. kann ich {sprach-/literatur-}wissenschaftliche Publikationen besser verstehen.
2. fällt es mir leichter, {sprach-/literatur-}wissenschaftliche Fragestellungen zu formulieren.
3. kann ich {sprach-/literatur-}wissenschaftliche Fragestellungen in Seminararbeiten besser beantworten.
4. kann ich bessere {sprach-/literatur-}wissenschaftliche Fachgespräche führen.
5. kann ich {sprach-/literatur-}wissenschaftliche Erklärungen besser einem Laien vermitteln.
6. kann ich {sprach-/literatur-}wissenschaftliche Fragen eines Laien besser erfassen.
7. kann ich {sprach-/literatur-}wissenschaftliche Fragen eines Laien besser beantworten.

Es nahmen 52 Personen teil. Wiederum lag bei allen Aussagen der jeweilige Zentralwert unter 2,5 – also auf der "zustimmenden Seite".

Zusätzlich wurden die Teilnehmer der ersten Studie bei jeder Kompetenz einzuschätzen gebeten, welche der nachstehenden LdL-Aspekte sie zum Erwerb der Kompetenz als besonders förderlich empfanden: Die besonders häufig genannten Aspekte sind mit drei Sternen versehen.

- Es gab eine eher kollegiale Beziehung zwischen Dozent und Student.
- Studierende wurden als wertvolle Wissensquellen angesehen.
- *** Die Vermittlung von Stoff erfolgte in "studentennaher Sprache".
- *** Es gab eine hohe kommunikative Aktivität aller Kursteilnehmer.
- *** Es wurde für größtmögliches aktives "Entdecken" und "Begreifen" des Stoffes gesorgt.
- Es gab einen großen Bezug zu Themen, die ich für meine Zukunft für wichtig halte.
- *** Es gab einen hohen Anteil von Transferaufgaben gegenüber Abfrageaufgaben.
- Phasen der Unsicherheit und Phasen der zusammenfassenden Wissenssicherung haben sich abgewechselt.

- Es gab mindestens eine Zwischenevaluation.
- Ein hoher Anteil der Stoffauswahl erfolgte durch die Studierenden.
- Der Dozent bzw. die Dozentin war per Internet sehr gut verfügbar.
- Der Dozent bzw. die Dozentin hat die Studierenden qualitativ gut betreut.
- *** Es gab einen hohen Anteil an Teamarbeit.

Ferner wurden die Teilnehmer bei jedem Ziel gefragt, ob sie eine oder mehrere der nachstehenden Methoden für effizienter gehalten hätten.

(a) eine Veranstaltung, die zur Hälfte aus einer Vorlesung durch den Dozenten und zur Hälfte aus einer von Studierenden geleiteten Übung besteht
(b) eine klassische Vorlesung des Dozenten
(c) Einzelarbeit statt Teamarbeit
(d) eine Vorlesung des Dozenten im Sinne modernen "Edutainments" (mit Einbeziehung des Publikums)
(e) abwechselnde Unterrichtstechniken, aber Moderation aller Lehrveranstaltungssequenzen durch den Dozenten
(f) eine Veranstaltung, die zur Hälfte Vorlesung, zur Hälfte Übung ist und durch den Dozenten geleitet wird
(g) weniger Präsenzsitzungen und mehr Projektarbeit außerhalb des Seminarraums unter ständiger Begleitung des Dozenten
(h) studentische Vorträge mit anschließender Kommentierung des Dozenten
(i) Sonstiges

Mindestens ein Viertel der Teilnehmer schätzt Alternativen d, g und i für Kompetenz 1, Alternative j für Kompetenz 6 und Alternative g für Kompetenz 13 als zumindest gleichwertig ein. Bei keiner einzigen Kompetenz jedoch hat eine Mehrheit der Teilnehmer eine alternative Methode als effizienter eingeschätzt.

Christine Schelhaas hat 1997 mittels einer Fragebogenstudie nach einem Jahr LdL im Englischunterricht einer sechsten Gymnasialklasse und im Französischunterricht einer siebten Gymnasialklasse folgende unterrichtsoptimierende Eigenschaften festgestellt:

- intensivere Auseinandersetzung mit dem Stoff bei den Lernerexperten (wobei dies nicht automatisch gleich ein richtiges Verständnis bedingen muss)
- gesteigerte Aufmerksamkeit bei den Lernerexperten
- erhöhte Lernfreude sowohl bei den Lernerexperten als auch bei den übrigen Lernern
- Förderung der Verantwortung für den Unterricht
- Förderung des "Spezialverhaltens" auch außerhalb des Unterrichts (wenn sich Expertenteams treffen müssen)
- Stärkung des Selbstbewusstseins
- Förderung des selbstständigen Handelns
- Berücksichtigung von Individualität
- Stärkung der Motivation und Eigeninitiative der Lerner
- Abwechslung der Gesichter und Perspektiven
- Förderung der Sprachfertigkeit der Lerner (dies gilt im Übrigen auch für nicht-sprachliche Fächer)

Über diese Studien hinaus gibt es eine Reihe von Erfahrungsberichten, die zum Teil auf http://www.ldl.de zugänglich sind.

Zusammenfassung

LdL ist bei Bologna wie auch bei sonstigen Unterrichtsinfrastrukturen und -architekturen durchführbar. Es ist sogar so sehr durchführbar, dass bei PISA oder anderen zentralen Orten der Leistungsmessung gute Ergebnisse erzielt werden können. Darüber hinaus ermöglicht LdL auch die Reise nach Rimini – wobei dabei weniger der Strand von Rimini als bloße, passive Erholungsstätte ins Auge gefasst wird, sondern gerade die abseits vom Massenvergnügen liegenden Plätze interessant sind – jene, die gar nicht im Lehrplan stehen und sich gar nicht einer allgemeinen Bekanntheit erfreuen müssen.

Mono-, Dia-, Polyloge
oder
Glokale Kommunikationsanforderungen

Das Wort *glokal* ist eine Mischung aus *global* und *lokal* – das soll heißen, dass es prinzipiell global gleiche Kommunikationsanforderungen gibt, es aber lokal diverse Ausprägungen geben kann. Im Lehr- und Lernprozess spielt die zwischenmenschliche Kommunikation eine zentrale Rolle. Prinzipiell dient Sprache dazu,

- dass überhaupt eine Beziehung zwischen einem Lehrer und einem Lerner, einem Autor und einem Leser, einem Sprecher und einem Hörer, einem Sender und einem Empfänger hergestellt wird (die reinste Form für diese Funktion ist das, was wir als "Small Talk" bezeichnen)
- dass ein Sender einem Empfänger Kenntnisse mitteilen kann oder zwei Gesprächspartner im Kommunikationsprozess Kenntnisse erschaffen beziehungsweise erfragen können
- dass man seine Gefühle mitteilt
- dass ein Sender einen "Auftrag", eine Bitte an einen Empfänger mitteilen kann[44].

Zusammengefasst besteht Sprache aus Symbolen, die für bestimmte Inhalte bzw. Botschaften stehen, die "emotionsleer" oder "emotionsbeladen" sein können. Mit anderen Worten: mit Sprache versucht man, Dinge einzurahmen und mit unterschiedlichen Stilen bzw. Techniken abzubilden. Die Technik kann in der Malerei so gewählt sein, dass sie die Realität sehr "naturgetreu" abbildet, oder sie kann so gewählt sein,

---

[44] Diese Funktionen entsprechen – in dieser Reihenfolge – im Modell von Roman Jakobson (1960) der phatischen, referenziellen, emotiven und konativen Funktion von Sprache.

dass vom Empfänger ein erhöhter Interpretationsaufwand zu leisten ist. Je mehr Elemente das Bild aufweist, desto komplexer wird der Kontext und desto mehr Interpretationsaufwand ist zu leisten. Der Empfänger bräuchte eigentlich mehrere Arten von Augen, mit denen er das Bild betrachten kann. Übertragen auf sprachliche Kommunikation heißt dies, dass der Lerner, Leser, Hörer, Empfänger mit unterschiedlichen Ohren[45] hört, denn es geht nicht um das Verständnis von einzelnen Wörtern, sondern um das Verständnis von Wörtern im Kontext. Der Empfänger muss interpretieren, was er mit welchem Ohr wie zu interpretieren hat. An dieser Stelle sehen wir bereits, dass reine Vorträge anfällig für Kommunikationsstörungen sein müssen. Erst recht gilt dies, wenn Sender und Empfänger in unterschiedlichen Umfeldern aufgewachsen sind, wie Experten und Laien, Experten der einen Schule und Experten der anderen Schule, Mitglieder der einen Volksgruppe und Mitglieder der anderen Volksgruppe, Senioren und Teenager, ja sogar Männer und Frauen. Sie teilen die Welt unterschiedlich ein, haben verschiedene Assoziationen bei einer Sache, sie haben verschiedene Assoziationen bei einem Wort, sie verbinden verschiedene Definitionen mit einem Wort. Aber Sprache ermöglicht uns schließlich glücklicherweise auch zu prüfen, ob der Empfänger die Symbole bzw. die Bilder auf die gleiche Art und Weise verstanden hat, wie sie der Sender verstanden wissen wollte. Sprache ermöglicht uns, Definitionen von vornherein auszuhandeln[46]. Ein effektiver Lern- und Lehrprozess wird also nie allein monologisch sein können, sondern Lehrkraft und Lerner immer in einen gegenseitigen Austausch bringen. Da dies möglichst effizient geschehen soll, sind kommunikative Techniken auch zu üben. Bei LdL ist Kommunikation also nicht nur Weg, sondern auch ein Ziel.

Eindrücke aus meinem Leben (J.G.):

- Ein Beispiel aus einem meiner Seminare. Drei Sitzungen lang habe ich immer wieder die Definition eines Fachbegriffes wiederholt. Als in der vierten Sitzung eine einschlägige Aufgabe wieder nicht gelöst wurde, habe ich zunächst einmal – noch einmal – die Definition aufsagen lassen. Sie entsprach wieder nicht

---

45 Dieses Bild verwendet auch Friedemann Schulz von Thun (1981-1998).

46 Das Aushandeln von Definitionen bezeichnet Herbert H. Clark (1996) als das Schaffen von “common ground” . Das Sprechen über Sprache entspricht ungefähr Roman Jakobsons (1960) metalingualer Funktion von Sprache.

dem, wie ich das zu vermitteln versucht hatte. Verzweifelt habe ich sie dann noch einmal wiederholt und gesagt: "Was ist so schwer daran? Warum beharrt ihr auf eurer Definition? Wir können das gerne so tun, aber es entspricht nicht der üblichen Definition." - "Das haben wir letztes Semester so gelernt." In der Tat kursierten in der Sprachwissenschaft mittlerweile zwei Gebrauchsweisen dieses Fachbegriffes und ein Kollege hatte im vorangegangenen Semester die andere Definition verwendet. Nur die polylogische Struktur des Unterrichts hat es ermöglicht, dass 1. ich die Studierenden besser verstanden habe, 2. die Studierenden mich besser verstanden haben, 3. verhindert worden ist, dass ich die Studierenden in der Abschlussklausur ungerecht bewertet hätte. Hätte ich das Ganze als Vorlesung gehalten, hätten die Studierenden meine Definition des Fachbegriffes wie folgt wahrgenommen: "Ach ja, kennen wir schon, haben wir letztes Semester schon gemacht." Monologe sind die für Missverständnisse anfälligste Kommunikationsform.

- Ein Lehrer hat mir stolz erzählt, dass er mittlerweile fast jede Stunde als hochprofessionelle Computerpräsentation gestalte. Die Begeisterung für dieses Medium hat ihn vergessen lassen, dass Lehrprofessionalität nicht nur Medienprofessionalität bedeutet. Dabei hatte er zuvor genug methodische Vielfalt bewiesen. Im Übrigen haben die Erfinder von Präsentationsprogrammen sich ursprünglich gar nicht an Lehrende gewandt.
- Einer Professorin, die mich zu einem Gastvortrag eingeladen hatte, kündigte ich an, nur einen halbstündigen Vortrag halten und dann eine Gruppenarbeitsphase durchführen zu wollen. Sie meinte, dass ich mir keine Illusionen machen sollte. Die Gruppe sei sehr ruhig und introvertiert. Nach der Veranstaltung zeigte sie sich überrascht, dass nach einer gewissen anfänglichen Zurückhaltung alle mitgearbeitet hätten. Entscheidend war offenbar, dass ich am Anfang Zeit gab, dass sich Beiträge entfalten konnten.
- Ein Professor erzählte mir, in seinem Fach könne er einfach nur ein Dia nach dem anderen zeigen und die Abbildungen erklären. Ich habe ihm gesagt, dass man doch zumindest darüber nachdenken könnte, ob nicht ein Studierendenteam ebenso die Vorstellung in einer Sitzung übernehmen könnte und ob man nicht erstmal etwas zu der Abbildung sagen lassen könnte ("Was

kommt euch bekannt vor? Wo würdet ihr das Abgebildete einreihen und auf Grund welcher Kriterien?"). Das bloße Vorlesen – und manche nehmen dies sogar wörtlich – mag bequemer sein. Aber machte es nicht glücklicher, wenn man sehen könnte, dass etwas bei den Schülern angekommen ist?

- Vor nicht allzu langer Zeit spielte die Hochschuldidaktik in der wissenschaftlichen Qualifikation keine große Rolle. Ein öffentlicher Vortrag diente in den alten Habilitationsordnungen der Prüfung der hochschuldidaktischen Eignung. Erfreulicherweise ist eine echte hochschuldidaktische Fortbildung mittlerweile in den Habilitationsordnungen integriert. Als Stellvertretender Sprecher der Landesvereinigung der bayerischen Nachwuchswissenschaftler hatte ich zusammen mit einer Reihe von gleichgesinnten Kollegen mitgewirkt, solche hochschuldidaktische Vorgaben in das bayerische Hochschullehrergesetz zu integrieren. Danach waren entsprechende konkrete Umsetzungen in die Habilitationsordnungen der Universitäten von Nöten. Bei meiner eigenen Habilitation habe ich dann übrigens entschieden, neben den neuen hochschuldidaktischen Nachweisen auch einen 45-Minuten-Vortrag zu halten – allerdings zusammen mit meinen Studierenden. Es hat sie und mich sehr gefreut, dass einige KollegInnen aus dem Publikum den Studierenden Anerkennung gezollt haben. Denn dies war auch ein Beweis, dass LdL funktioniert.

Eindrücke aus meinem Leben (B.K.): Im Zuge meines Aufenthaltes an einer schwedischen Universität wurde ich eingeladen, im Rahmen eines Forschungskolloquiums einen Beitrag zu meinem zu der Zeit aktuellen Arbeitsfeld beizusteuern. Üblich war es, einen Vortrag von etwa einer Stunde zu halten und im Anschluss Fragen zum Thema zu beantworten. Das war zunächst auch mein Plan. Am Tag vor dem eigentlichen Vortrag allerdings sprach mich einer der Mitarbeiter der Fakultät an und wies mich darauf hin, man sei schließlich eher eine gesellschaftswissenschaftliche Fakultät und kenne die literarischen Texte, mit denen ich mich befassen wollte, gar nicht. Ob ich mir viel von dem Vortrag versprechen würde? Er würde zwar erscheinen, aber vermutlich nicht viel aus meiner Darstellung mitnehmen können. Ich änderte daraufhin meinen Plan:

In der Sitzung selbst gab ich in einem halbstündigen Vortrag einen Überblick über meine Forschungsthese sowie den kulturgeschichtlichen Kontext der zu diskutierenden literarischen Texte. Im Anschluss daran ließ ich die anwesenden Wissenschaftler in kleinen Gruppen mit für das Thema relevanten Auszügen aus den literarischen Texten arbeiten und ihre Erkenntnisse in einer Diskussion samt meiner eingangs vorgestellten These erörtern. Im Anschluss an die Sitzung ließ mich der zuvor skeptische Politologe wissen, er sei nun selbst interessiert an dem Thema. Die Organisatorin des Forschungskolloquiums teilte mir gar mit, sie wolle in Zukunft selber auch solche Elemente in ihre Präsentationen im dortigen Kolloquium einbauen, um so ein allzu passives Zuhören zu vermeiden und stattdessen die aktive Auseinandersetzung auch mit fremden Inhalten voranbringen.

Sprache als Weg und Sprache als Ziel (I)

Im einleitenden Kapitel hatten wir die Ziele eines LdL-Unterrichts auch an die allgemeinen Anforderungen in einer global vernetzten Informations- und Wissensgesellschaft angebunden. In der Informations- und Wissensgesellschaft wird die Welt immer feiner gegliedert und in Spezialgebieten untersucht, damit sie wiederum weiter erklärt werden kann. Wir hatten daher gesagt, dass zu den Schlüsselkompetenzen auch eine Wissenstransferkompetenz gehört, und zwar in zweierlei Hinsicht. Man muss die Fachsprache eines Gebietes beherrschen, um sich mit Gleichgesinnten über Fachspezifisches möglichst rasch auszutauschen; man muss Fachspezifisches auch der Nicht-Fachkraft erklären, wenn diese von unseren Kenntnissen Nutzen haben soll. Zu den Zielen eines LdL-Unterrichts gehört also auch der Erwerb kommunikativer Fähigkeiten.

In weit verbreiteten Unterrichtsformen wird der Sprach- bzw. Kommunikationskompetenz der Lehrkraft die Schlüsselrolle bei der Wissensvermittlung zugeschrieben. Dies gilt für LdL ebenso. Wenn jedoch Wissensvermittlungskompetenzen auch für jeden Lerner ein Lernziel sein sollen, dann müssen viele Gelegenheiten gegeben werden, diese kommunikativen Kompetenzen zu trainieren. Dabei kann diskutiert werden, ob die Inhaltsseite (die semantische Seite) an erster Stelle und die Ausdrucksseite (die formale Seite) an zweiter Stelle stehen oder ob beide gleichwertig behandelt werden sollen. Mit anderen Worten: sollen erstmal alle Teilgedanken einer Botschaft vollständig rüberkommen, bevor man sich dann an die Verbesserung der Ausdrucksweisen macht oder soll jeder Gedanke auch erstmal in geeignete Form gebracht werden, bevor man mit dem nächsten Teilgedanken fortfährt? Man wird auch beide Herangehensweisen abwechseln können.

Monologe

Wenn das Lehrziel sein soll, dass die Lehrkraft möglichst viele Wissensbausteine behandelt, dann ist die Vorlesung eine effektive und effiziente Methode. Die Effizienz kann wahrscheinlich nur noch durch einen Lehrfilm gesteigert werden. Wenn das Lehrziel sein soll, dass die Lerner möglichst viele Wissensbausteine behalten, dann ist die Vorlesung eine wenig effektive Methode und die Frage nach der Effizienz stellt sich dann gar nicht mehr. Bedauerlich ist deshalb, dass manchen Wissenschaftlern die Vorlesung immer noch als Königslehrveranstaltung gilt. Nur wer habilitiert ist, also nur wer quasi die akademische Meisterprüfung abgelegt hat, darf an der Universität eine Vorlesung halten.

Monologe sind nicht gänzlich zu verdammen. Aber wo haben sie ihren Wert? Je affektbeladener der Stoff und der Stoffvortrag sind – etwa im Sinne von Edutainment –, desto eher vermögen es Monologe, dass der Stoff behalten wird. Je klarer die Abbildung von Gedanken ist und je einfacher und klarer die Botschaft ist, desto eher eignen sich Monologe, damit Inhalte rasch vermittelt werden können, um auf deren Grundlage in einer anderen Kommunikationsform komplexere Themen zu erarbeiten. Monologe können auch dazu dienen, dass sich jemand Sicherheit verschafft, wenn er vor der Gruppe stehen muss. Insgesamt sollten diese Monologe allerdings – auch nach unserer Erfahrung – nicht mehr als 20 bis 30 Minuten einnehmen[47]. Bei monologen Unterrichtseinheiten wird wichtig sein,

- am Anfang einen Ausdruck zu definieren, wenn es in der Fachsprache unterschiedliche Definitionen für einen Begriff gibt
- am Anfang einen Ausdruck zu definieren, weil es zwischen Fachsprache und Alltagssprache (oder anderen Fachsprachen) unterschiedliche Definitionen für einen Begriff gibt oder weil ein Begriff mit unterschiedlichen Assoziationen belegt ist

---

[47] Vgl. etwa Bligh (2000: 3) und McKeachie u.a. (1999: 66f.).

- sich gegenüber einem Laienpublikum erst allgemeinsprachlich auszudrücken und dann, falls dies im Fortgang der Kommunikation zu einer Zeit sparenderen Ausdrucksweise führt, die allgemeinsprachliche Ausdrucksweise mit einem Fachausdruck zu belegen
- Beispiele zu verwenden
- im wissensvermittelnden Kontext präzise allgemeinsprachliche Ausdrücke so zu verwenden, wie dies in der Gemeinschaft anerkannterweise üblich ist (und keine vagen Ausdrücke, bei denen die Interpretationsarbeit dem Hörer überlassen ist – anders mag dies in politischer Rede und in der Werbesprache sein)

Dies gilt global, es mag noch lokale/regionale Traditionen geben, die bestimmte Lernergruppen besser einen affektiven Zugang zum Stoff ermöglichen. Dennoch sollte es nach dem Monolog eine Art Rückkopplung seitens der anderen Unterrichtsteilnehmer geben, da sich mit den Ausführungen auf Grund individueller Unterschiede im Vorwissen unterschiedliche subjektive Wissenskonstruktionen ergeben haben werden, so dass es Möglichkeiten zur Bildung von intersubjektiven Wissen geben sollte[48].

Für komplexere Themen eignet sich ohnehin von vornherein eine gesprächsaktive Beteiligung der Lerner, so wie dies auch das Modell *Lernen durch Lehren* fordert. Das bedeutet nicht – und das ist eben eine häufige Fehlinterpretation von LdL –, dass die Lerner einfach Referate halten. So laufen manche universitären Seminare dergestalt ab, dass ein Referat nach dem anderen vorgetragen wird – im günstigeren Fall gibt es danach Frage- und Diskussionsmöglichkeit, im noch günstigeren Fall wird diese auch wahrgenommen, im ungünstigen und nicht seltenen Fall fehlen aber solche Elemente in den Seminaren. Referate sind nichts anderes als Vorlesungen.

Dialoge

Referate haben mit der Kernidee von LdL nichts und mit Aktivierung der Lerner relativ wenig zu tun, schon gar nichts mit Dialogen und In-

48 Wir versuchen somit die didaktischen Konsequenzen aus den Ansichten des Radikalen Konstruktivismus (z.B. Schulz von Thun 1981-1998, Watzlawick 1983, Glasersfeld 1987, Maturana/Varela 2010) zu ziehen.

teraktivierung. Eine ähnliche Fehldeutung der Kernidee kommunikativen Unterrichts ist es, wenn Lehrer und Hochschullehrer meinen, sie würden Raum zum Dialog geben, indem sie "Lückentexte vortragen". Der Lehrende trägt etwas vor, um dann eine kurze Frage einzuflechten oder tatsächlich einen begonnenen Satz abzubrechen und von einem Lerner zu Ende sprechen zu lassen. Diese Lückenfüllung übernehmen häufig die immer gleichen, engagierten Lernenden. Manche Prüfer wenden diese Technik sogar in der Prüfung an. Füllt der Prüfling die Lücke mit einer Antwort, die vom Prüfer nicht erwartet wird, gibt es Folgendes zur Antwort: "Das ist zwar richtig, könnte man auch sagen, aber ich will auf etwas Anderes hinaus". Nun denn. Auch dieses einfache, telegrammartige Frage-Antwort-Spiel hat freilich nichts mit LdL zu tun. Es mag zu einer gewissen Aktivität der Teilnehmer führen, hauptsächlich zur Reaktivität, sicher aber nicht zur "Kreaktivität" und nicht zur Interaktivität. Interaktivität lässt sich vielmehr so begreifen: Aktion1 löst Reaktion1=Aktion2 aus, Aktion2 wiederum löst Reaktion2=Aktion3 aus usw. Es sind die Dialoge, wie sie Platon von Sokrates berichtet, an die wir denken. Sie dienen, einem Lerner Argumente zu entlocken und ihn über diese nachdenken zu lassen, bis er nach Möglichkeit selbst auf eine Lösung oder mehrere Lösungen für ein Problem kommt.

Im Sinne von LdL wäre es, wenn diese kommunikativen Kettenreaktionen im Plenum ablaufen und sich dabei nicht ein Zweiergespräch ("Dia-Log") entspinnt, sondern ein "Vielgespräch" ("Poly-Log"). Dialoge haben nach unserer Konzeption vor allem folgende Aufgaben:

- in Tandemarbeit/Partnerarbeit: um die Lösung für eine Aufgabe so vorzubereiten, dass im Plenum Lösungsvorschläge erarbeitet und erörtert werden können (vor allem wenn alle die gleiche Aufgabe zu bearbeiten haben)
- im Plenum: um für eine beschränkte Zeit mit einem Lerner bzw. einer Lernerin, an einem Aufgabentyp kurz intensiv zu üben – dies tun wir, wenn ein Lerner bzw. eine Lernerin offensichtlich noch irgendwelche Verstehensschwierigkeiten hat, aber diese Sache verstehen und mitarbeiten will. Wenn prinzipielle Verstehensschwierigkeiten bei einer Person deutlich werden, versuchen wir durch Rückfragen, die Person auf die Lösung zu bringen. In diesen Fällen winken wir die Fingermeldungen anderer Lerner ab und signalisieren damit, dass wir einer

bestimmten Person im Augenblick Gelegenheit zum Üben geben – vor allem muss dies dem Dialogpartner als Übungschance klar gemacht werden, insbesondere wenn er aus einer Kultur kommt, wo diese Form des Dialoges vollkommen fremd ist. Wir stellen 1 bis 2 weitere Aufgaben desselben Typs, bis die Person ein Erfolgserlebnis ohne Hilfestellung der Lehrkraft hat – dabei soll die antwortende Person laut denken, sodass wir uns ein besseres Bild vom Denkprozess verschaffen können. Es muss dabei allen Beteiligten klar sein, dass es nicht darum geht, jemanden vorzuführen, sondern vielmehr eine Möglichkeit zu einem Erfolgerlebnis zu verschaffen. Manchmal liegt dies nur an einem Mangel an zugedachter Zeit zum Nachdenken. Nach so einer Phase werden wieder alle beteiligt.

Polyloge im Lehrprozess

Das Ziel, aus Lernern Argumente herauszuholen und sie über diese nachdenken zu lassen, bis sie nach Möglichkeit selbst auf eine Lösung oder mehrere Lösungen für ein Problem kommen, liegt auch Polylogen zu Grunde. Polyloge sollen nach unserer Vorstellung just nicht so aussehen, dass einfach nur darauf geachtet wird, dass jeder einmal etwas im Unterricht gesagt hat. Vielmehr sollen sich Äußerungen aufeinander beziehen. Unter *Polylog* wollen wir nicht verstanden wissen, dass zu einer Frage des Lehrenden oder desjenigen, der den Unterricht gerade gestaltet, Lerner nacheinander bzw. nebeneinander Antworten einwerfen. Es soll folglich eine Atmosphäre des echten Zuhörens sein, eine Atmosphäre des empathischen Miteinanders. Je nach kultureller Herkunft der Lerner und Lehrer wird es hier mehr oder minder eine Eingewöhnungszeit brauchen. Hier zwei Praxisbeispiele, die Dialoge aus unserem universitären Unterricht wiedergeben. Im ersten Fall geht es um die Analyse eines Satzes nach einer bestimmten englischen Universitätsgrammatik. In einigen Punkten unterscheidet sich diese von typischen deutschen Englisch-Grammatiken. Zum Beispiel werden Wörter, die die gleiche Funktion haben wie Zahlwörter, der Wortklasse Begleiter zugeschlagen und nicht der Wortklasse Eigenschaftswörter/ Adjektive. Ein studentisches Team hatte sich für eine Wiederholungsstunde folgenden Satz zur Analyse überlegt und mit dem Dozenten vorher besprochen: "he returned back from the holidays last week" 'er kam letzte Woche aus dem Urlaub zurück'. Nach der Partnerarbeit wurde die Analyse im Plenum durchgeführt. Dabei erläuterten sie dann an der entsprechenden Stelle die Klassifikation von *last* als Zahlwort. Nach dem eigentlichen Ende der Analyse meldete sich nochmal eine Studentin. Im Folgenden steht S für Studentin, SE für Studierenden-Expertin, P für Professor; es handelt sich um die deutsche Übersetzung des englischen Gesprächs.

S: *Ich muss nochmal auf das "last" zurückkommen.*
SE1: *Ja.*
S1: *Ich versteh's [= die Einteilung als Zahlwort], wenn's im Sinne von "der letzte in einer Reihe" oder so was ist, aber ich versteh's nicht im Sinne von Zeit.*
SE1: *... naja, das kannst du ja auch zählen. Du kannst deine Urlaubstage zählen. Es war der erste, zweite, dritte und dann der letzte.*
S: *Ah ja, richtig.*
SE2: *Es ist eine Art Zahl.*
S: *Ja, OK.*
SE1: *Irgendwie.*

Man beachte, dass SE1 nicht einfach sagt "ich weiß nicht, aber so steht's in meiner Musterlösung". Sie sagt auch nicht "nun, so wird *last* bei unserem Grammatik-Autor behandelt" – was bereits akzeptabel gewesen wäre. Vielmehr versucht sie die Logik des Grammatik-Autors ihrer Mitstudentin verständlich zu machen – mit Erfolg.

P: *Dennoch ist dies ein sehr gutes Argument, um dies als mehrdeutiges Wort anzusehen. In einem Wörterbuch hätten wir dann einen Eintrag "last-1" im Sinne von "die letzte in einer Reihe von Wochen" und einen Eintrag "last-2" im Sinne von 'vorhergehend'; dann wäre es ein Adjektiv/Eigenschaftswort und nicht länger ein Zahlwort. Ja, da hast du recht.*
S: *Also könnte man das so sagen, wenn man diese Erklärung gibt.*
P: *Ja.*

P's Bemerkung zeigt, dass die Bemerkung von S ihn zum Nachdenken angeregt hat. Er nimmt als mehr oder minder gleichgestelltes Mitglied der Lernergruppe teil.

SE2: *Aber das wäre nicht im Sinne unseres Grammatik-Autors.*
P: *Hm, ich bin nicht sicher, ob es wirklich unmöglich wäre, ihn zu überzeugen. Ich denke, er könnte zustimmen.*
SE2: *OK.*

Nun zeigt SE2, dass sie das neue Terminologie-System beherrscht und stellt mehr oder minder indirekt P's Argumentation in Frage. Sie zeigt damit, dass sie die Aussage eines Dozenten nicht gleich akzeptiert, sondern selbstständig nachdenkt. P zeigt auf, dass man in Expertensprachen selbst bei klaren Definitionen zu unterschiedlichen Ergebnissen kommen kann (was für manche Lerner zunächst unbefriegend ist, weil sie gern eine Musterlösung hätten). All dies geschieht in einer Atmosphäre von gegenseitigem Respekt und Freundlichkeit.

Im zweiten Fall befinden wir uns in einem Seminar, das einen Überblick zur englischen Sprache vermittelt. Da fast nur Lehramtsstudierende im Kurs sitzen, wird von den sprachlichen Unregelmäßigkeiten und Besonderheiten des Neuenglischen ausgegangen, um dafür sprachgeschichtliche Erklärungen zu finden und somit einen Überblick über die Sprachgeschichte zu erhalten. SE hat wie alle anderen eine Unterrichtssequenz zu leiten. Er ist ein mäßiger Lehramtsstudent in dem Sinne, dass er sich mäßig für Sprachwissenschaft interessiert. Er hat wegen des bevorstehenden Auftritts im Kurs starke unangenehme Gefühle. Der Dozent sagt ihm seine Unterstützung während der Sequenz zu und empfiehlt, dass er sich eine Frage aussuchen soll, die ihn selbst schon immer interessiert habe. Er wählt die Frage, warum *can, may, shall, will* in der 3. Person Einzahl, also etwa in Kombination mit *he* und *she*, im Gegensatz zu anderen Verben kein *-s* am Ende zeigen: *he likes*, *he loves*, aber *he can*. Nachdem er sich selbst die Antwort erarbeitet hat, lässt er die Frage zunächst in Partnerarbeit vorbereiten und eröffnet dann die Diskussion im Plenum. Eine Studentin meldet sich. Es folgt erneut die deutsche Übersetzung.

S1 [für normalerweise gute Beiträge bekannt; die Erklärung, die sie gleich vorbringen wird, ist allerdings falsch]: *Ich denke, dass Wörter in früheren Zeiten Formen des "subjunctive" der Vergangenheit waren und ...*
SE: *OK, von welchen früheren Zeiten sprichst du jetzt? Du kannst nicht einfach "frühere Zeiten" sagen.*

SE hat gelernt, dass man sich klar und präzise ausdrücken soll und erbittet dies von seiner Gesprächspartnerin.

S1: *Ja. Altenglisch, als es einen "subjunctive" der Vergangenheit gab.*
SE: *"subjunctive" der Vergangenheit ... Was meinst du damit?*

SE ist offenbar mit dem Ausdruck nicht vertraut und bittet um eine Erklärung, um eine "gemeinsame Begriffsbasis" herzustellen. SE sagt nicht "Nein, das ist nicht die Musterlösung", sondern sucht S1 zu verstehen und zu prüfen, ob ihre Herangehensweise genauso gut ist.

S1: *Na ja, wir haben den "subjonctive" im Französischen und ...*

In Einklang mit dem LdL-Prinzip "Sag's in vertrauter Sprache", versucht S1 mit französischer Grammatik zu arbeiten, da viele Kursteilnehmer Französisch in der Schule hatten.

SE: *Ich sprech kein Französisch.*
S1: *... und wir hatten ihn bereits im Englischen.*
SE: *Aber was hat Altenglisch mit Französisch zu tun?*
S1: *Nichts* [S1 macht eine Geste 'OK, vergiss es']. *OK. Also es gab bei Wörtern "subjunctive"-Vergangenheitsformen.*
SE: *Vielleicht kannst du mir ein Beispiel geben, vielleicht wird es dann deutlicher.*
S1: *Nein. Lass mich einfach--*
P: *Lass sie ausreden.*
SE: *OK.*

Hier hat P zum ersten Mal eingegriffen, weil er der Ansicht ist, dass dieses häufige Nachfragen nicht zu mehr Klarheit führt. Er erinnert an das Prinzip des Zuhörens, bewertet aber nicht die angebotene Erklärung, obwohl er bereits sieht, dass sie falsch ist. P versucht vielmehr SE dabei zu unterstützen, einen fließenden Unterrichtsverlauf herzustellen.

S1: *Also: wir haben das Verb [= Zeitwort] und die 1. Person Singular [= Einzahl], 2. Person Singular und so weiter und dann gab's den "subjunctive" in der Vergangenheit, der die Bedeutung hatte, über Zukunft und mögliche Dinge zu sprechen, und diese "subjunctive"-Form war wahrscheinlich die stärkste dieser Formen und hatte kein "s". Und deshalb sind dies "subjunctive"-Vergangenheitsformen, die kein "s" hatten, weil sie ohnehin kein "s" hatten.*

SE: *OK. Nur dass wir übers Gleiche sprechen. Mit "subjunctive" meinst du "Konjunktiv" [= Möglichkeitsform], oder?*

Wiederum sagt SE nicht einfach Nein, sondern prüft erst, ob er und S1 die gleiche Begriffsbasis haben.

S1: *Na ja, auf der Wikiversity-Seite* [= auf die der Dozent Verb-Tabellen gestellt hatte] *heißt es "subjunctive" der Vergangenheit.*

P: *Ja, aber "subjunctive" ist das englische Wort für "Konjunktiv".*

Damit sich die Studierenden rasch auf die Argumentation konzentrieren, klärt P hier einfach das Wortwahlproblem.

SE: *OK. Ich denk, dass deine Theorie viel besser zu verstehen wäre, wenn du ein Beispiel dafür hättest.*

P: *Aha.*

SE: *Ich kann irgendwie ahnen, was du meinst, aber ohne ein Beispiel ist es, glaub ich, schwer für mich zu verstehen.*

S1: *OK.*

SE: *Vielleicht ein deutsches Beispiel ... oder irgendein Beispiel ...*

P: *Ein deutsches Beispiel, sagst du.*

SE: *Wie bist du zu deiner Theorie gekommen?*

P: *Ja.*

SE: *Du musst dir ja irgendwas gedacht haben, als du zu dieser Theorie gekommen bist.*

P: *Sehr gut, SE.*

SE zeigt, dass er gelernt hat, dass viele Phänomene des Altenglischen auch wieder im Deutschen als sprachlichen Verwandten auftauchen. P unterstützt SE, der ihm ja seine Nervosität offengelegt hatte, mit kleinen aufbauenden Feedback-Bemerkungen.

S1: *Na ja, es war in der zweiten Hausaufgabe* [es folgt eine Erklärung].

[Die anderen Kursmitglieder sind von der Erklärung verwirrt. SE sagt, dass die Erklärung nicht korrekt ist. Einige murmeln. S2, der von den anderen als bester in der Gruppe erachtet wird, erwähnt den Ausdruck "Präterito-Präsens-Verben". Andere schauen verwirrt.]

SE: *Vielleicht sollten wir uns mal anschauen – wie S1 vielleicht zurecht gesagt hat, ist das ein altenglisches Problem – vielleicht sollten wir uns mal anschauen, wie das bei den entsprechenden deutschen Verben ist. Es gibt deutsche Wörter für "will", "can" und "shall". Fangen wir mit diesen dreien an. S2!*

S2: *Wir haben das gleiche Phänomen im Deutschen: Im Deutschen ist die Endung der 3. Person normalerweise "-t". "Er bringt, er macht".*

SE: *Ja, sehr gut.*

S2: *Es ist immer "t". Und in den Verben, die aus den Präterito-Präsens-Verben entstanden sind, haben wir dieses "t" nicht: "er will", nicht "er willt".*

SE: *Sehr gut, ja.*

S3 [die neben S2 sitzt]: *Das ist der Umlaut.*

S2 [zu S3]: *Das hat nichts mit dem Umlaut zu tun. Wir reden jetzt über die Endung.*

S3 scheint einen sehr holistisch-assoziativen Zugang auf Dinge zu pflegen und hat schon in vorangegangenen Kursen Probleme gehabt, an einem Teilaspekt dranzubleiben, wenn ihre Assoziationen sie in eine andere Richtung brachten. Dies hat sie auch schon Punkte in Klausuren gekostet. Auch in dieser Klassensituation hat sie Probleme von ihrem eigentlichen Gedanken wegzukommen und den anderen zuzuhören.

S3: *Ablaut.* [zu sich selbst halblaut sprechend, mit nachdenklichem Blick]

SE: *Wir reden jetzt über die Endung der 3. Person Singular.*
S3: *Ablaut.* [zu sich selbst halblaut sprechend, nickend]
S2 [zu S3]: *Wir sprechen nur über die Endung.*
SE: *Nur die Endung der 3. Person Singular.*
S3: *Ja, aber was ich sagen wollte, ist, dass man es im Deutschen nicht mit "t" bildet, sondern mit Ablaut.*
SE: *Man bildet es mit gar nichts.*
P: *Wir behandeln jetzt nicht diese Frage, S3.*
S3: *Ja, aber--*
P [unterbricht S3]: *Nein. Wirklich. Das ist ein Ratschlag, der mir viel bedeutet und den ich dir wiederholt zu geben versucht hab: Bleib bei dem Problem, das wir gerade behandeln. Schau nicht auf alle anderen Laute, die--*

Wegen der Ineffektivität des bislang von P bevorzugten Kommentarmusters "Anmerkung richtig, aber nicht auf die Frage bezogen", wählt er hier eine deutlichere Sprache.

SE [unterbricht P]: *Ja, danke, Herr X, vielen Dank.*
Gelächter von einigen Studierenden.
SE: *Nein, Sie haben völlig recht, ich stimme zu, aber ich denke, ich versuche, selbst zurechtzukommen.*
Gelächter von den meisten Studierenden.
P: *OK, ja.*
SE [zur Klasse]: *Nein, Herr X hat absolut recht. Er ist in der Position, euch dies zu sagen. Ich bin nur ein Studienkollege, so dass es immer schwer ist, euch zu kritisieren. Aber ich denke--*
Noch mehr Gelächter.
SE: *Aber ich denke* [laut, das Gelächter eindämmend] *wir sollten uns jetzt auf das Problem konzentrieren. Wir sind im Deutschen, 3. Person Singular. Nehmt eines der drei Wörter, die wir gerade hatten: "can" "ich kann, er kann, sie kann". Es heißt immer "kann". Nicht wie deutsch "ich mache, er macht". Man hat das deutsche "t" am Ende: "er macht", aber "er kann", da ist kein "t" am Ende. Was sagt uns das, wenn wir das gleiche Problem im Deutschen und im Englischen haben? Was können wir dann folgern? S4!*
S4: *Es hat vielleicht den gleichen Ursprung.*

Man beachte das herausragende Verhalten von SE, der ursprünglich noch seine Nervosität fürchtete. Er möchte die Situation selbst managen. Dank der LdL-Atmosphäre aus Toleranz, Empathie und Kooperation, ist er mutig genug, P zu unterbrechen und zu sagen "Danke, aber ich brauche deine Hilfe nicht". P nimmt es nicht persönlich, sondern versteht SE's Wünsche und bleibt von da an im Hintergrund – mit Ausnahme der Stellen, wo SE ihn mit Worten oder durch Blicke um Rückversicherung bittet. Darüber hinaus vollbringt SE es, die durch das Gelächter verursachte Ablenkung in Aufmersamkeit für seine Bühne, d.h. auf sich und das Thema umzuwandeln: durch ein kurzes Anheben der Stimme, eine kurze Zusammenfassung des Diskussionsstandes, eine kurze Fortführung der Darstellung und schließlich die Wiedereinbindung der Klasse ins Geschehen.

SE: *Ja. Das Problem hat folglich bereits bestanden, bevor die Angelsachsen nach Britannien kamen. Können wir das so sagen, Herr X?*
[P nickt unterstützend.]
SE: *OK. Behaltet das im Kopf. Was S2 gesagt hat, dieses Präterito-Präsens: Wenn man beispielsweise in einer altgermanischen Sprache ausdrücken wollte, dass "er kann" ... dann ... hat das Wort eigentlich eine ganz andere Bedeutung. Das Wort ist eigentlich eine Form aus der Vergangenheit, die sagt "er hat es geschafft", "er schaffte". Und dieses "er schaffte" hat die Bedeutung übernommen von "er kann", weil wenn er in der Vergangenheit etwas geschafft hat, dann kann er das. Und so wird aus der Vergangenheitsform eine Gegenwartsbedeutung.*
[schaut auf P, P nickt unterstützend]
SE: *OK. Und auf die Art und Weise ist dieses, da das ja ein Wort aus der Vergangenheit ist, also dieses "kann" ist eigentlich eine Vergangenheitsform von einem Wort, das es aber heutzutage nicht mehr gibt. Und dieses ist schon durchkonjugiert [= gebeugt]. Das heißt, da muss kein "s" mehr dran, weil dieses "er kann", das wurde in der Vergangenheit schon durchkonjugiert.*

SE erklärt die Sachlage wieder in vertrauter Sprache, in vertrauten Analogien. Er führt hier selbst monologisch, um das Zeitlimit einzuhalten und mehr Klarheit hineinzubringen, nachdem ein Studienkollege bereits vorher im Polylog den richtigen Lösungsweg beschritten hat. SE schafft also in Martinscher Terminologie *Linearität a posteriori*.

[SE erklärt, dass "can, will, shall, may" etc. zu Gegenwartsformen wurden und dann neue Vergangenheitsformen geschaffen werden mussten: "could, would, should, might" etc. Er stellt heraus, dass auch diese Formen heutzutage in anderen Funktionen, zum Beispiel in Höflichkeitsformen, verwendet werden können, sie aber ursprünglich Vergangenheitsformen waren und dass deshalb auch hier das gleiche Prinzip wie für deren Gegenwartsform gilt: kein "s" in der dritten Person Singular.]

S5: *Hä? In der Vergangenheit gibt's doch so und so kein "s". Das ist doch eigentlich eine Präsens-Geschichte, dass ein "s" drangehängt wird. Oder bin ich jetzt gerade ganz falsch?*

[SE verblüfft].

P: *Ja, sagt er ja gerade.*

Wegen SE's verblüfftem Blick hat P eine kurze Bemerkung eingeschoben.

S3 [beteiligt sich wieder am Polylog, nachdem sie einige Minuten wegen der Intervention von P unzufrieden war]: *Deswegen gibt's ja kein "s".*

S5: *Ja, aber in anderen Formen gibt's das doch auch nicht. Welches Verb hat denn "s" in der 3. Person Singular in der Vergangenheitsform?*

SE: *Nein, nein, das war ja, worauf ich gerade rauswollte.*

[Andere stöhnen wegen S5's Bemerkung etwas.]

SE: *OK, nein, das ist eine gute Frage. Nicht dass wir das gleich abwürgen. Das ist eine gute Frage. Worauf ich eigentlich rauswollte, eigentlich ist es die Vergangenheitsform, du hast völlig recht, in der Vergangenheitsform wird in der 3. Person kein "s" drangehängt. Du kannst aber das "could" nicht nur in der Vergangenheitsform verwenden, sondern auch zum Beispiel in der Höflichkeitsform: "Could he please ...". Und dann würde sich doch die Frage stellen, warum kein "s".*

S5: *Ach so, OK.*

Man beachte erneut die Sozialkompetenz von SE, die auch zu einem erhöhten Lerneffekt bei der Studentin führt.

Wenn wir aus diesen leuchtenden Beispielen ein grundsätzliches Muster für polylogische Kommunikation erarbeiten wollten, ließe sich dieses etwa wie folgt darstellen:

Lehrkraft/Lerner-Experte: “Wie löse ich das Problem X?”
Lerner1: “Ich schlage Weg1 vor?
Lehrkraft/Lerner-Experte: “Wie kommst Du darauf?”
Lerner1: “Meine Begründung ist A_1+A_2+A_3”
Lehrkraft/Lerner-Experte/Lerner2: “Wie definierst du A_1 / A_2 / A_3?”
Lerner1: “Mit A_1 meine ich Fachdefinition1. / Mit A_2 meine ich Alltagsdefinition2. / Mit A_3 meine ich Privatdefinition3.”
Lehrkraft/Lerner-Experte/Lerner2: “Fachdefinition1, OK. / Alltagsdefinition2. Und wie könnte man es fachsprachlich ausdrücken? .... / Privatdefinition3 ist keine übliche Definition, aber lasst uns mal damit arbeiten; wir werfen dann später nochmal einen Blick auf die Fachsprache.”
Lehrkraft/Lerner-Experte: “Was meinen die anderen dazu?”
Lerner3: “Ich schlage Weg2 vor.” oder “Ich schlage Begründung B vor.”
Lehrkraft/Lerner-Experte zu Lerner3: “Bitte reagiere erst auf Weg1 und Begründung A. Was gefällt Dir denn daran nicht?”
Lerner3: “Weg1 überzeugt mich (in einem Punkt) nicht, weil ....” / “Ich will Weg1 nur ergänzen.” / “Ich will nur eine gleichwertige Alternative Weg2 vorschlagen auf Grund meines Vorwissens2, also Begründung B.”

Im letzten Fall könnte es so weitergehen.

Lerner3: “... Begründung B.”
Lerner4: “Ich meine auch, dass Begründung 8 richtig ist.”
Lehrkraft/Lerner-Experte: “Lerner3, hast Du 8 gesagt?”
Lerner3: “Ja.” / “Nein.”
Lehrkraft/Lerner-Experte: “Hast Du nicht B gesagt?” / “Ja, B.”
Lerner4: “Sieht doch praktisch gleich aus, ist doch dasselbe.”
Lehrkraft: “Nein, 8 ist ... und B ist ...”

Dies erlaubt den Lernen individuelle Wege zum Lernziel. Sie lernen, Wege selbst zu entwickeln. Und es wird ihnen ermöglicht zu prüfen, ob ihre Wege effektiv sind. Ist ein Weg effektiv, also zielführend, dann ist er umso effizienter, je mehr Eigenanteil der Lerner an der Entwicklung des Weges gehabt hat. Lehrer und Lerner bauen gemeinsam Wege, um zum Ziel zu gelangen. Jeder Mensch ist eine Wissensquelle, eine Fundgrube an Wissensbausteinen, mit denen er den mosaikartigen Bau des Weges voranbringen oder vielfältig gestalten kann. Jean-Pol Martin nennt dies kollektive Konstruktion von Wissen. Dabei können natürlich auch verschiedene Wege zu einem Ziel gebaut werden. Der eine Weg ist der landschaftlich schönere, der andere Weg ist der schnellere, der dritte Weg ist der sicherste. Wenn die Wege gut vernetzt sind und wenn die Wegebauer, die gleichzeitig auch Wegenutzer sind, gut vernetzt sind, ergibt sich ein breites Angebot, um unterschiedliche Bedürfnisse zu befriedigen.

Mit der Internet-Enzyklopädie Wikipedia hat man letzten Endes eine solche polylogische Struktur geschaffen. Auf der Hauptseite eines Artikels wird ein Weg (inhaltlicher Aufbau und sprachliche Gestaltung) beschritten, mit dem ein bestimmtes Ziel (Informationen) vermittelt werden soll. Stünde dieser Artikel wie in einer gedruckten Enzyklopädie alleine, hätten wir einen Monolog. Auf einer dazugehörigen Diskussionsseite können nun aber Wege und Zielgröße definiert werden. Es können Inhalte und Sprachform diskutiert und Verbesserungsvorschläge gemacht werden; diese können auch direkt im Artikel selbst gemacht werden, sollten dann aber auf der Diskussionsseite begründet werden, sofern es sich nicht einfach um das Ausmerzen von offensichtlichen Schwächen handelt. Jede Änderung, jeder Kommentar wird sofort für alle sichtbar, gleichzeitig bleiben aber auch alle älteren Versionen abgespeichert und einsehbar. Dieses Prinzip wird nun allgemein als Wiki bezeichnet und findet auch andernorts Einsatz. Warum sollte sich eine Lehrkraft nicht auch einmal Gedanken machen, wie man die Wikipedia für den Unterricht nutzen und zu ihrer Qualitätssteigerung beitragen kann, wie man Wissen über die Wikiversity-Plattform (http://www.wikiversity.org), ein Schwesterprojekt der Wikipedia, erarbeiten lassen kann, wie man Diskussionsforen zur Mitteilung von Informationen und für die Beantwortung von Fragen einsetzen kann?

Polyloge im Lehrreflexionsprozess

Nun sollte allerdings noch ein weiterer Aspekt zur Sprache kommen, damit das gemeinsame Bauen von Wegen zu einem glücklicheren Dasein führt. Wir wollten zeigen, dass das hier vorgeschlagene Modell zu einer besseren Wissensvermittlung führt, aber zwischenmenschliche Störungen werden auch deutlicher und wahrscheinlicher. Doch wiederum gibt es auch hier Heilmittel. Häufig entsteht der Streit, weil Menschen nicht den gleichen Weg und die gleichen Zwischenstationen teilen wollen und darin keinen Sinn sehen; wichtig ist aber vielmehr, ob bzw. dass man die gleichen Endziele vor Augen hat. Und was wir unter Endzielen verstehen, sind anthropologische Konstanten. Sie sind also bei allen Menschen gleich. Es sind naturgegebene grundsätzliche Bedürfnisse, die jeder Mensch hat und befriedigt wissen möchte. Marshall Rosenberg hat vor diesem Hintergrund das Modell der gewaltfreien Kommunikation (GfK) entwickelt. Er zeigt auf, wie viele zwischenmenschliche Störungen, wieviel Streit, wieviel Unzufriedenheit dadurch entstünden, dass wir unseren angeblichen Pflichten nur widerwillig nachgingen, anstatt uns darüber klar zu werden, welche Bedürfnisse im Augenblick nicht befriedigt werden, nicht welche Strategien im Augenblick nicht erfüllt werden. Es gibt ihm zufolge sieben Grundbedürfnisse:

- Interdependenz/Beziehungen (d.h. Wertschätzung, Sicherheit, Vertrauen, Verständnis, Zugehörigkeit, Zuneigung usw.)
- körperliches Wohlbefinden (d.h. ausreichende Verfügbarkeit von Nahrung, Schlaf, sexueller Tätigkeit, Bewegung, Schutz usw.)
- Ehrlichkeit (d.h. Authentizität, Anstand)
- Spiel (d.h. Freude, Spaß)
- Frieden (d.h. spirituelle Verbundenheit, Ordnung, Gleichheit, Harmonie, Behaglichkeit, Schönheit)
- Autonomie (d.h. Wahlmöglichkeit, Freiheit, Unabhängigkeit, Raum)
- Sinn (d.h. Wachsen, Hoffen, Lernen, Wagen, Versuchen, Gestalten, Trauern).

Die Frage nach den Bedürfnissen hilft das Problem zu lösen, dass wir unglücklich sind. Wenn wir erkennen, dass jeder Mensch die gleichen Bedürfnisse hat, können wir uns zunächst einmal besser in andere Menschen einfühlen. Vorbei sind generelle Urteile über einen anderen Menschen, generelle Urteile eines Lehrenden über seine Lerner und die Gesellschaft, generelle Urteile von Lernernden über Lehrende und die Gesellschaft und generelle Urteile der Gesellschaft über Lehrende und Lernende. Rosenberg schlägt eine Art Gesprächsskript vor. Das formelhafte Skript eines Gespräches in GfK sieht nach Rosenberg wie in der untenstehenden Tabelle aus.

Schritt 1:	*Wenn Du X machst,*	[= Benennen einer bestimmten störenden Strategie]
Schritt 2:	*dann bin ich {allein, ängstlich, verwirrt, wütend, traurig, unsicher, frustriert, besorgt ...}*	[= Auswahl einer Gefühlsbeschreibung, wobei diese keine indirekte oder direkte Schuldzuweisung an den anderen enthalten darf, also etwa nicht {*allein gelassen, vernachlässigt, bedroht, hereingelegt, zurückgewiesen ...*}]
Schritt 3:	*weil mein Bedürfnis nach {Frieden, körperlichem Wohlbefinden, sozialer Bindung, Ehrlichkeit, ...} nicht erfüllt ist.*	[= Benennen des unbefriedigten Bedürfnisses, ausgewählt aus den 7 übergeordneten Bedürfnissen bzw. einer konkreten Form wie {*Respekt, Sicherheit, ...*} für das übergeordnete Bedürfnis der sozialen Bindung]
Schritt 4:	*Wärst Du bereit, X zu tun (oder hättest Du einen anderen Vorschlag, falls X Deine Bedürfnisse stören würde)?*	[= Formulierung einer Bitte, die den Vorschlag einer konkreten Strategie enthält]

Man kann zunächst versuchen, das Modell mit sich selbst und an sich selbst anzuwenden. Mit etwas Übung kann man auch von der formelhaften Sprache wegkommen. Wendet man das Modell zum ersten Mal mit Kollegen an, scheint vor allem das Wort *Bedürfnis* zu stören, zu sehr ins Private zu gehen. Alternativ verwenden kann man stattdessen *Werte* oder *was im Leben wichtig ist* oder *Vorstellungen von {Frieden, körperlichem Wohlbefinden, Ehrlichkeit, ...}*.

Zusammenfassung

Monologe, Dialoge, Polyloge – sie alle spielen eine Rolle bei LdL. Im Gegensatz zu manch klassischen Unterrichtsformen repräsentiert diese Reihenfolge bei diesem Unterrichtsmodell jedoch die aufsteigende, nicht die absteigende Wichtigkeit.

Deutsch, Englisch, andere Sprachen
oder
Glokale Sprachanforderungen

Im vorhergehenden Kapitel haben wir aufgezeigt, dass es Gründe gibt, sich im Unterrichtsgespräch erstmal auf den Inhalt zu konzentrieren. Dies heißt nicht, dass die sprachliche Form unwichtig wäre. Es geht ja gerade darum, sich möglichst so auszudrücken, dass es das adressierte Publikum auch versteht. Und auch hier gilt *glokal* als Mischung aus *global* und *lokal* – es gibt prinzipiell global gleiche Sprachanforderungen, es gibt aber je nach lokalem Publikum unterschiedliche Ausprägungen. Die Zuhörer können manchmal Laien des behandelten Fachgebietes sein, manchmal Personen, die auf dem gleichen Sachstand sind. Fachkommunikation bedeutet für uns sowohl Experten-Experten-Kommunikation ("horizontale Kommunikation") als auch Experten-Laien-Kommunikation ("vertikale Kommunikation"). Beides sollte trainiert werden – und zwar unserer Auffassung nach nicht nur in den sprachlichen Fächern, sondern auch in den nicht-sprachlichen Fächern. Da geht es dann auch in nicht-sprachlichen Fächern um verschiedene Textsorten, die es einzuüben gilt. Da können themenbezogen etwa folgende Fragen angegangen werden:

- Wie gestalte ich einen Vortrag für ein Fachpublikum?
- Wie gestalte ich einen Vortrag für ein allgemeines Publikum?
- Wie gestalte ich eine Zusammenfassung für ein Fachpublikum?
- Wie gestalte ich eine Zusammenfassung für ein allgemeines Publikum?
- Wie gestalte ich ein Fachgespräch zu einem Projekt?

Eindrücke aus meinem Leben (J.G.): Als Stadtrat bin ich jedes Mal über die Präsentationskompetenz zweier Architekten erstaunt.

Sie vermögen es, stets so zu reden, dass sie etwas erst allgemeinsprachlich erklären und dann den Fachbegriff einschieben, neue Sachverhalte verbildlicht erklären, für Fragen bereits während des Vortrages offen sind und diese entweder beantworten oder erklären, warum sie für den augenblicklichen Prozess nicht relevant sind. Es wäre unfair zu sagen, dass andere Experten nicht auch Erklärungen bringen und Fragen beantworten. Aber sie schieben die Erklärungen nach: sie verwenden einen unbekannten Fachausdruck zuerst und beantworten Fragen am Ende. Dadurch kommt es bei uns Stadtratsmitgliedern doch immer wieder zu einem Stolpern im Verstehensprozess.

Eindrücke aus meinem Leben (B.K.): Eine meiner Studentinnen berichtete mir, sie sei einmal wieder gefragt worden, wie man sich eigentlich mit der vermeintlich "brotlosen Kunst" der Literaturwissenschaft befassen könne. Sie habe den Kritikern dann ohne Fachchinesisch erklären können, womit man sich in der Literaturwissenschaft beschäftige. Das habe ihr selber gezeigt, dass sie die Inhalte des Faches anscheinend wirklich begreife, da sie sie auch in ihren ureigenen Worten erklären könne und es schließlich geschafft habe, ihren Zuhörern zumindest einen Einblick in das Arbeitsfeld der Literaturwissenschaft zu geben.

Sprache als Weg und Sprache als Ziel (II)

Im vorangegangenen Kapitel haben wir bereits Sprache als Weg und Ziel präsentiert und uns dabei auf ersteres konzentriert. Es sei nochmal auf das einleitende Kapitel verwiesen, in dem als eine der zu vermittelnden Schlüsselkompetenzen für die Informations- und Wissensgesellschaft die Wissenstransferkompetenz festgestellt wurde. Dies bedeutet einerseits, dass man die Fachsprache eines Gebietes beherrscht, um sich mit Gleichgesinnten über Fachspezifisches möglichst rasch auszutauschen; und andererseits, dass man Fachspezifisches auch der Nicht-Fachkraft erklären kann, wenn diese von unseren Kenntnissen Nutzen haben soll. Zu den Zielen eines LdL-Unterrichts gehört also auch der Erwerb kommunikativer Fähigkeiten für

- die Experten-Experten-Kommunikation
- die Experten-Laien-Kommunikation
- und letztlich sogar die Laien-Experten-Kommunikation (über die ich einem Experten eine Antwort auf mein Problem entlocken kann).

Diese Fähigkeiten beziehen sich dabei nicht nur auf das Beherrschen von Fachbegriffen (insbesondere solchen, die alltagssprachlich in anderer Bedeutung existieren und solchen, die selbst innerhalb des Faches uneinheitlich verwendet werden), sondern auch auf das Beherrschen von Beschreibungs- und Argumentationsstilen schriftlicher und mündlicher Kommunikation und das Herstellen einer gemeinsamen Begriffsbasis (oder nach dem Amerikaner Herbert Clark auch englisch als *common ground* bezeichnet).

Kompetenzen im Deutschen

Wir wissen wohl, dass es nicht dem Selbstverständnis vieler Lehrkräfte aus nicht-sprachlichen Fächern entspricht, sich um die Kompetenzen der Lerner im deutschen Ausdruck kümmern zu sollen. Doch es geht bei LdL ja besonders um die fachspezifischen Kommunikationskompetenzen. Dabei ist auch die Wahl des sprachlichen Ausdrucks nicht unerheblich – zumindest auf fortgeschritteneren Ebenen. Zu den im vorangegangenen Kapitel dargestellten Funktionen von Sprache gesellt sich nämlich noch eine weitere, jene der Ästhetik[49]. Es sollte also auch ein Gefühl vermittelt werden, wie welche Ausdrucksweise wirkt, in welchen (fachspezifischen) Kontexten welche Ausdrucksweise akzeptabel ist, zu welchen (fachspezifischen) Zielen welche Ausdrucksweise sinnvoll ist. Dies wird insbesondere eine Aufgabe sein, wenn sich in der Lernergruppe auch Nicht-Muttersprachler befinden.

Wir meinen also, dass sprachliche Form in nicht-sprachlichen Fächern nicht ausgeblendet werden soll. Dies soll aber nicht umgekehrt heißen, dass Rechtschreibfehler, Verstöße gegen die Standardgrammatik oder die Wahl umgangssprachlicher, jugendsprachlicher oder dialektaler Ausdrücke sich generell negativ auf die Bewertung einer Äußerung aus-

[49] Auch Jakobson (1960) spricht in seinem Modell der Sprachfunktionen von ästhetischer Funktion.

wirken sollen. Vielmehr meinen wir, dass es bestimmte Aufgabentypen und bestimmte Unterrichtsphasen geben soll, wo auch in nicht-sprachlichen Fächern der bewusste Umgang mit sprachlicher Form eine Rolle spielen soll. Dies schließt mit ein, dass solche Lehrkräfte, die in kulturell heterogenen Lernergruppen unterrichten sollen, auch Kenntnisse zum Umgang mit der deutschen Sprache in der Zusammenarbeit mit nicht-muttersprachlichen Lernern haben sollten.

Ferner sollte Lernern nicht verschwiegen werden, dass es auch außerhalb von fachspezifischen Kontexten karriererelevante Sprachkompetenzen gibt. Die Gesellschaft lebt gewissermaßen nach Drehbüchern. Solche Drehbücher sollte man kennen, damit man sie beachten oder eben manchmal bewusst nicht beachten kann. Die Beachtung solcher Drehbücher, sprich: das Beherrschen bestimmter Kommunikationsmuster scheint gemäß einer Publikation des Elitenforschers Michael Hartmann aus dem Jahre 2002 in Deutschland mehr über die Karriere zu entscheiden als Leistung: die Rede von einer Leistungselite ist ihmzufolge nichts als ein Mythos, der vor allem von jenen verbreitet werde, die sich dieser Elite selbst zugehörig fühlen. Entscheidend sei vielmehr die soziale Herkunft, d.h. ein Elternhaus, in dem bestimmte "elitäre" Verhaltensweisen und Einstellungen vermittelt worden seien. Als gesellschaftspolitische Nebenbemerkung sei darauf hingewiesen, dass sich diese Minderbewertung von Leistung gemäß dem Gesellschaftsforscher Rifkin[50] für eine Gemeinschaft mittelfristig durchaus problematisch erweisen kann.

Wer hingegen nicht als leitender Angestellter, sondern als selbstständiger Unternehmer tätig sein will, der darf eher "Geistesblitze" entwickeln und "ein bunter Hund" sein – so die deutschen Titel der Bücher von Perkins (2000) und Mathews & Wacker (2002).

Kompetenzen im Englischen

Seit etlichen Jahren gibt es in der Mehrzahl der EU-Mitgliedsstaaten diverse Projekte für bilingualen Sachfachunterricht, d.h. dass ein Sachfach wie Geographie oder Geschichte nicht nur in deutscher Sprache, sondern auch in einer Fremdsprache unterrichtet wird. Man spricht in Kurzform auch von Bili-Unterricht oder – etwas unglücklich – von CLIL-Unterricht (für *Content-and-Language-Integrated Learning*); unglück-

[50] Rifkin (2004).

lich deshalb, weil jeder Fremdsprachenunterricht eigentlich "content and language integrated" sein sollte, also sowohl sprachliche als auch außersprachliche Aspekte vermitteln sollte. Besonders beliebt ist als gewählte Fremdsprache das Englische. Europaweit ist die Basis des Fremdsprachenunterrichts das Muttersprachler-Modell, d.h. dass der Lerner sich wie ein Brite (oder wie ein Amerikaner) ausdrücken können soll. Idealerweise kann man dann etwa im Falle des Englischunterrichts am Ende einen guten Vortrag für ein britisches Fachpublikum, ein britisches Allgemeinpublikum, ein amerikanisches Fachpublikum und ein amerikanisches Allgemeinpublikum halten. Es stellt sich jedoch die Frage, ob man dabei der Rolle des Englischen als Weltsprache nicht besser dadurch Rechnung trägt, dass man im Verkehr mit anderen Nicht-Muttersprachlern eben gerade nicht den amerikanischen Stil oder den britischen Stil als Ziel hat, sondern ein "Global English", das auch frei ist von den typisch "schwachen" bzw. "reduzierten" Formen des englischen Muttersprachlers, von bildhaften Wendungen und von vergleichsweise seltenen Wörtern. Jeder Gesprächsteilnehmer sollte dabei eine grundlegende Haltung des Verstehen-Wollens einnehmen. Erst dann wird Englisch zum echten weltweiten, interkulturellen Verständigungsmittel.

Diese Prinzipien wären gerade im grundständigen Englischunterricht zu berücksichtigen, wie dies im bereits mehrfach prämierten Konzept Basic Global English (BGE) unternommen wird – einem Konzept für den Englisch-Anfangsunterricht mit Kindern oder Erwachsenen. Man vergleiche dazu die Webseite http://www.basicglobalenglish.com[51]. Bereits ab Stunde 1 wird nach LdL unterrichtet, zum Beispiel mit "Teacher-Role-Rotations", d.h. die Lehrkraft stellt einem Lerner zwei bis drei Fragen, dann wird dieser Lerner zur Lehrkraft, stellt wiederum einem anderen Klassenmitglied zwei bis drei Fragen, dann wird dieses zur Lehrkraft usw. In der Grundschule kann bereits mit Lektion 5 eine längere Wiederholungssequenz von Kindern geleitet werden. BGE ermöglicht allen die Möglichkeit zu einem ersten Zugang zu verschiedenen

[51] Man vergleiche dazu ferner die empirischen Ergebnisse zur Effektivität und Effizienz von BGE: Grzega/Schöner (2007), Grzega (2008), Grzega (2011, 2012b), Grzega/Stenzenberger (2011). Zur sprachpolitischen Begründung vergleiche man Grzega (2012a, die letzten beiden Kapitel). Die Verknüpfung von LdL und dem Sprachmodell BGE liegt in Materialien für Kindergruppen, Erwachsenengruppen und Selbstlerner vor (Grzega 2009a, 2009/2011a, 2009b).

Kulturen und Themen (hierbei sei auch auf die Simple English Wikipedia verwiesen: http://simple.wikipedia.org). Englisch wird somit nicht als "Killersprache", sondern als "Türöffner" zur Welt verstanden. Freilich können (und sollen) nach dem Erwerb von BGE spiralförmig Wissen und Können ausgeweitet werden. Aber viele der Prinzipien lassen sich auch im Aufbauunterricht berücksichtigen – etwa, dass die Botschaft wichtiger ist als formale Korrektheit und dass verständnisgefährdende Verstöße gegen die Sprache schwerer wiegen als nichtverständnisgefährdende Verstöße. Dies heißt nicht, dass eine muttersprachlernahe Kompetenz keinerlei Rolle im Englischunterricht mehr spielen soll. Aber auf Grund der Funktion des Englischen als weltweites Kommunikationsmittel stellt sich doch die Frage, ob die muttersprachliche Orientierung in einem (verpflichteten) Unterricht auf grundständigem und mittlerem Level eine Pflicht sein soll. Wer der Lehrkraft anzeigt, dass er wie ein Amerikaner oder ein Brite sprechen möchte, der kann dementsprechend von der Lehrkraft auch auf Grund- und Mittelstufe unterrichtet werden.

Im Rahmen von LdL ist es wichtig, sich bewusst zu werden, dass Englisch in der globalisierten Informations- und Wissensgesellschaft in praktisch allen Fachgebieten zu einem internationalen Verständigungsmittel geworden ist. Bereits im Unterricht auf mittlerem Niveau kann daher geübt werden, wie man eine Arbeit so auf Englisch zusammenfasst, dass dies weltweit von Experten und Laien verstanden werden kann. Diese Fähigkeit wäre dann natürlich auch für andere Fächer relevant – etwa im Rahmen von Hausarbeiten. Dabei käme Englisch-Lehrkräften eine neue Rolle zu. Vielfältigere Kompetenzen wären von ihnen gefordert. Sie müssten vermehrt über ein multikulturelles und interkulturelles Wissen verfügen. Zu ihren neuen Aufgaben würde gehören, ihre Kolleginnen und Kollegen anderer Fächer in Form von kollegiumsinternen Fortbildungen und konkreter Korrekturarbeit zu unterstützen.

Hinzu kommt im akademischen Bereich, dass von Dozenten gleich welcher Disziplin immer mehr erwartet wird, dass sie für ein internationales Studierendenpublikum auch Lehrveranstaltungen in Englisch anbieten. Es gilt wohl auch, Dozenten hier die Furcht vor dem Englischen zu nehmen und zu vermitteln, dass es eben nicht darum geht, Stoff perfekt im britischen Englisch oder im amerikanischen Englisch zu vermitteln, und dass es auch nicht darum geht, Stoff nach typisch britischer oder typisch amerikanischer Didaktik zu vermitteln. Es geht darum, ein Publikum zu unterrichten, das zu einem Großteil aus wieder anderen Nicht-Muttersprachlern besteht. Auch hier braucht es Unterstützung seitens entsprechender Experten.

Damit Englisch-Absolventen diesen Prozess entsprechend unterstützen können, wäre es denkbar, entweder das Englisch-Studium von vornherein mit entsprechenden Lehrveranstaltungen auszustatten oder Englisch-Absolventen entsprechende Weiterbildungsmaßnahmen anzubieten, wie wir sie selbst bereits mehrfach für den Hochschulbereich mit dem Kurs *Intercultural Academic Teaching in English* durchgeführt haben. Auch bedarf es noch (fachspezifischer) lehrunterstützender Materialien. Für den Unterricht mit internationalen Lernergruppen gibt es fachübergreifend etwa das Büchlein *How to Become the Perfect Intercultural Professor – Tricks and Bricks for Intercultural Academic Teaching in English (and Other Languages)*[52]. Interkulturelle Kompetenz und transkulturelle Kompetenz[53] dürfen zweifellos zu den Schlüsselkompetenzen des 21. Jahrhunderts gerechnet werden.

Kompetenzen in anderen Sprachen

Eines der Ziele der EU ist, dass jeder Mensch in Europa mindestens dreisprachig sein soll. Eingedenk der internationalen Rolle des Englischen erachten wir folgendes Modell als nützlich, das man als *Modell der globalen Triglossie*, also als Modell der globalen "funktionsbedingten Dreisprachigkeit" bezeichnen kann. (Global-)Englisch plus Muttersprache plus Drittsprache nach Wahl. Die Drittsprache soll so gelernt werden, dass man damit voll in eine andere nationale Zielkultur eintaucht[54]. Diese Sprache ließe sich als *persönliche Adoptivsprache* bezeichnen[55]. Jede weitere Sprachkompetenz erhöhte die Attraktivität ei-

---

52 Grzega (2009b).

53 Die Bertelsmann-Stiftung (2006) spricht von *Global Culture Competence*.

54 Vergleiche ferner zur Idee der globalen Triglossie aus (Global-)Englisch plus Muttersprache plus Drittsprache nach Wahl die sprachpolitischen, bildungsökonomischen und allgemeinökonomischen Erörterungen in Grzega (2012a: 297ff.).

55 Dies ist der Terminus, den die von der Europäischen Kommission beauftragte Gruppe Intellektueller für Interkulturellen Dialog in ihrem Papier "A Rewarding Challenge: How the Multiplicity of Languages Could Strengthen Europe" (dt. "Eine lohnende Herausforderung: Wie die Mehrsprachigkeit

nes Individuums in der globalen Informations- und Wissensgesellschaft. Auch hier ist zunächst einmal wichtig, dass Lerner sich in bestimmten Situationen zurechtfinden können, bevor es um sprachliche Korrektheit geht. Im Übrigen müsste dieses Prinzip auch gelten, wenn man den Gemeinsamen europäischen Referenzrahmen für Sprachen ernst nimmt. Dort werden die einzelnen Niveaus von A1 bis C2 situationsbezogen beschrieben und nicht nach Beherrschung von Aussprache und Grammatik. Erst das Niveau C2 wird als "nahezu muttersprachliches Niveau" beschrieben und inkludiert damit auch die Beherrschung von Standardaussprache und Standardgrammatik. Und bereits in der Beschreibung von Niveau C1 heißt es: "Kann die Sprache im gesellschaftlichen und beruflichen Leben oder in Ausbildung und Studium wirksam und flexibel gebrauchen." Dies scheint die Standardsprache ebenfalls zu implizieren.

Das Modell der globalen Triglossie sieht die Drittsprache außerdem als etwas an, das das Lernerindividuum auswählt und nicht die Lehrkraft, die Schule oder die Politik. Darf das nur Französisch, Spanisch, Italienisch oder Russisch sein? Müssen wir in so vielen Bereichen aus Tradition immer noch gesicherte Lateinkenntnisse verpflichtend machen?

Bis vor Kurzem musste man gemäß Promotionsordnung unserer Fakultät selbst als Anglist immer noch beantragen, wenn man seine Doktorarbeit auf Englisch verfassen wollte. Hätte man sie auf Latein verfassen wollen, wäre das völlig ohne Sondergenehmigung gegangen. Noch immer kann man als Doktorand der Sprach- und Literaturwissenschaftlichen Fakultät nur auf Antrag vom Latinum befreit werden. Lediglich Promovenden der Journalistik und der Europastudien wird automatisch dieser Nachweis erlassen, wenn Kenntnisse in zwei Fremdsprachen vorliegen. Wenn dies für Europastudierende gilt – immerhin war Latein *die* europäische Verkehrssprache schlechthin –, warum sollte dies nicht erst recht für Studierende von Nationalphilologien gelten. Zwei gern eingeworfene Argumente für Latein finden sich auch im Bildungsbuch von Fuld wieder[56]: Erstens soll Latein das logische Denken schulen, denn "Tatsächlich ist nichts logischer konstruiert und deshalb einfacher zu begreifen als die lateinische Sprache". Wieso sollte Latein logischer konstruiert sein als das Englische, Deutsche und irgendeine

---

zur Konsolidierung Europas beitragen kann") gebraucht.

56 Fuld (2005: 82).

andere Sprache? Unterschiedliche Sprachen folgen unterschiedlicher Logik. Zweitens heißt es, die "Kenntnis der lateinischen Sprache erleichtert auch das Erlernen des Spanischen" und anderer romanischer Sprachen. Dies ist bislang nicht nachgewiesen worden. Vielmehr kennen wir mehrere Fälle, in denen Studierende lustlos ihr Latinum nachgeholt haben, ihre Kenntnisse nach der Prüfung praktisch sofort verloren haben, aber vermittels ihrer Französischkenntnisse äußerst effizient Kenntnisse in Italienisch und Spanisch erworben. Nachgewiesen ist dagegen durch Studien mit Esperanto, dass es das Erlernen weiterer Fremdsprachen erleichtert, wenn die erste Fremdsprache eine Sprache ist, bei der ein Wortbestandteil genau einer Funktion entspricht. So spaltet sich etwa eine Form *akademiojn* in *akademio* 'Akademie', *-j-* 'Mehrzahl' und *-n* 'Objektsfall (Akkusativ). Unter den europäischen Sprachen sind noch Ungarisch und Finnisch solche "modular" aufgebauten Sprachen. Lateinische Wortbausteine beinhalten dagegen oft mehrere Funktionen. So spaltet sich *academias* in *academi-* 'Akademie' und *-as* 'Mehrzahl + Objektsfall (Akkusativ)'.[57]

Schließlich ist auch nicht recht verständlich, dass Latinum bzw. Lateinkenntnisse automatisch mit dem Latein Cäsars verknüpft werden. Das mag für jene sinnvoll sein, die sich auf die Antike spezialisieren wollen, aber wieso kann man für jene, die eher an Mittelalter und früher Neuzeit interessiert sind, nicht mittelalterliches und humanistisches Latein anbieten? Für wieder andere mag eine Einführung in die Bildung neulateinischer, d.h. lateinisch-griechischer, Fachwörter und deren grammatisches Verhalten genügen. Wir sagen mit diesen Anmerkungen nicht, dass das klassische Latinum abgeschafft werden soll, sondern wir plädieren für eine Erweiterung des Angebots und der Nachweismöglichkeiten. Wir sagen auch nicht, dass alle Wahl von Unterrichtsstoff nur utilitaristisch ausgelegt sein sollen. Wir schließen uns durchaus Goeudeverts Ansicht an[58]: "da niemand mehr präzise vorhersagen kann, welche speziellen Fertigkeiten etwa in zehn Jahren benötigt werden, sollte sich die Bildung immer eine gewisse Nützlichkeitsferne erhalten." Wir plädieren für mehr Vorsicht bei der Festlegung eines Bildungskanons, für mehr Reflexion für eine sinnvolle Vermittlung von Lateinkenntnissen an Nicht-Altphilologen und für mehr Möglichkeit zur autonomen Auswahl von Bildungsinhalten. Dies heißt: der Lernergruppe

[57] Vgl. dazu Grzega (2012a).

[58] Goeudevert (2008: 139).

zwar einen Überblick über ein Gebiet zu verschaffen, aber ihnen die Selbstverantwortung zur Auswahl von Vertiefungsthemen zu überlassen. Dazu müssen freilich entsprechende alternative Lerngelegenheiten geschaffen werden, da natürlich nicht jede Schule für jede Sprache eine Lehrkraft vorhalten kann.

Es wurde schon mehrfach gesagt, dass nach Überzeugung etlicher Gesellschaftsforscher ein Überblickswissen es jemandem erleichtern wird, sich in ein bestimmtes bereits etwas bekanntes oder noch gänzlich unbekanntes Gebiet besser einzuarbeiten. Ähnlich scheint uns für die Sprachenkompetenzen zu gelten, dass die beschriebene Dreisprachigkeit ein gutes Minimalkonzept darstellt und durch auch noch so geringe Sprachenkenntnisse in anderen Sprachen aufgewertet würde. Der Erwerb von Kenntnissen in Fremdsprachen wird erleichtert, wenn wir den Anspruch aufgeben, in der Fremdsprache gleich wie ein Muttersprachler sprechen zu wollen. In vielen multiethnischen Teilen der Welt (in Afrika, Asien und Australien) gibt es einen eher pragmatischen Umgang mit Sprachen. Man kann verschiedene Sprachen auf unterschiedlichen Niveaus sprechen. Gegebenenfalls werden die Sprachen gemischt. Dieses Prinzip dient nicht nur dem Informationsaustausch, sondern auch der sozialen Bindung. Das wichtigste ist zunächst, seine Gedanken gegenüber Gesprächspartnern ausdrücken zu können. Das Niveau der Sprachkenntnisse misst sich an individuellen autonomen Bedürfnissen. Warum sollte dies nicht auch in Europa fruchtbringend sein? Aber hiermit sei unser bildungspolitischer Ausflug beendet.

Zusammenfassung

Kurz und knapp: Sowohl in sprachlichen wie nichtsprachlichen Fächern spielt das Trainieren von Sprachstilen (sowohl schriftliche als auch mündliche Textsorten, sowohl an Experten als auch an Laien adressierte Textsorten) bei LdL eine zentrale Rolle. Entscheidend ist, auf die Kombination aus reichhaltigen Grundkenntnissen und individuellen Vertiefungen hinzuweisen. Sie gilt eben auch für fremdsprachliche Fächer. Und dass alle Pepes und Pfeiffers mit LdL im Fremdsprachenlernen erstaunlich rasch Expertise erlangen können, dies hat – und damit sind wir wieder am Ausgangspunkt unseres Buches angelangt – Jean-Pol Martin vor nunmehr 30 Jahren mit seinen Französisch-Schülern gezeigt.

Anhang
oder
Materialtypen und Materialbeispiele

Hinweise für Leitungsteams

Diese Hinweise können dem ad-hoc für die erste Stunde ausgewählten Leitungsteam oder generell ausgeteilt werden:

Methodische Hinweise

- Bitte um Freiwillige. Gibt es keinen Freiwilligen, suche jemanden aus. In jedem Falle soll die Antwort nicht vom Moderator kommen. Und in jedem Falle soll nicht immer dieselbe Person drankommen.
- Wenn jemand eine Lösung vorschlägt, vergewissere dich, dass jeder der Lösung folgen kann. Wenn du den Eindruck hast, dass dies nicht der Fall ist, bitte um Verdeutlichung (z.B. an Hand von Beispielen).
- Wenn eine Lösung begründet und verstanden ist, bitte um alternative Lösungsvorschläge.
- Prüfe, ob die Antwort richtig ist, auch wenn nicht die Fach-Terminologie verwendet worden ist. Wenn die Fach-Terminologie nicht verwendet worden ist, kann man sagen: "Deine Antwort war richtig, und so würde es der Fachmann ausdrücken: ...".
- Prüfe, ob jeder verstanden hat, warum eine Antwort richtig ist.
- Achte auf den Zeitrahmen. Danke am Ende allen für die Mitarbeit und formuliere einen zusammenfassenden Satz.

Ein Leitungsteam erhält zu einem vorgegebenen Thema die zu vermittelnden Kerninhalte in ca. 7 Stichworten, ist aber frei in der Wahl zusätzlicher Inhalte und in den Lehrwegen.

Verfahren

Viele der hier genannten Verfahren finden sich auch in anderen Werken; für einige haben wir LdL-Varianten geschaffen.

Sandwich: Dies funktioniert wie folgt: (1) mit fachlichem Vorwissen und "gesundem Menschenverstand" nach Lösungen für ein gestelltes Problem in der Kleingruppe suchen – (2) Anbieten eines fachspezifischen Ansatzes durch den Unterrichtsleiter – (3) erneutes Herangehen an das Problem mit dem neuen Ansatz.

Think – Pair – Share: Dies besteht aus folgenden Schritten: (1) allein nachdenken – (2) sich mit einem Partner austauschen – (3) im Plenum diskutieren.

Schneeball: Die Methode setzt sich aus folgenden Teilen zusammen: (1) Personen in ungeraden Stuhlreihen erarbeiten in 2er- oder 4er-Gruppen Frage A, Personen in geraden Stuhlreihen in 2er- oder 4er-Gruppen Frage B – (2) Die Personen in ungeraden Stuhlreihen drehen sich um; in Viererblocks werden die Aufgaben vorgestellt und Ergebnisse präsentiert, die jeweiligen "Aufgaben-Novizen" stellen gegebenenfalls Verständnisfragen. Eine LdL-Variante dazu: Bei Schritt 1 werden bereits die Musterlösungen dazugegeben; in Schritt 2 muss jedes Paar die Aufgabe des jeweils anderen Paares lösen; die Lerner-Experten erklären und korrigieren gegebenenfalls (ohne die Musterlösung zeigen zu dürfen).

Puzzle: Dies ist etwas aufwändiger und komplexer. (1) Es werden wahlweise 4/5/6 Aufgaben vorbereitet (und an alle ausgeteilt) – (2) Die Studierenden werden nacheinander durch Abzählen (von 1 bis 4/5/6) in entsprechende Gruppen eingeteilt (alle "1er", "2er" etc. in jeweils eine "Ziffer-Gruppe"). – (3) Die Gruppen treffen sich an einem Ort und bearbeiten jeweils ihre Aufgabe. – (4) Die Studierenden gehen auf ihre ursprünglichen Plätze zurück, so dass wieder Personen von 1 bis 4/5/6 als "Reihen-Gruppe" nebeneinander stehen. Die einzelnen Ergebnisse werden von den "Experten" präsentiert. Die "Nicht-Experten" sollen Nachfragen stellen. Hinweis: In den einzelnen "Ziffer-Gruppen" sollten ebenfalls nicht mehr als 4-6 Leute sitzen; wenn die Gruppe insgesamt größer ist, kann man bis zu einem Vielfachen von 4/5/6 durchzählen lassen und die einzelnen Aufgaben doppelt oder dreifach vergeben (d.h. Aufgabe 1 = Aufgabe 7 = Aufgabe 13 etc.). Noch eine LdL-Variante dazu: Statt Aufgaben können kurze Informationstexte ausgeteilt werden, zu denen sich die Ziffern-Gruppen dann für die Reihen-Gruppen eine Aufgabe (und die Lösung) selbst überlegen. In den Reihen-Gruppen müssen dann die einzelnen Aufgaben von den Nicht-Experten gelöst werden. Nach dieser Phase sollten nochmal die Aufgaben samt Musterlösungen an alle verteilt werden.

Infomarkt: Ein Infomarkt funktioniert wie folgt: (1) Die Gruppe wird in verschiedene Kleingruppen aufgeteilt; jede Kleingruppe bekommt eine Aufgabe. – (2) Jede Kleingruppe präsentiert die Ergebnisse zu einer Aufgabe auf einem großen Plakat. – (3) Die eine Hälfte der Gruppe bleibt beim Plakat, die andere wandert für eine bestimmte Zeit umher; die jeweils Verbleibenden präsentieren den Umherwandernden kurz die Ergebnisse und stehen dann für Fragen zur Verfügung. – (4) Rollenwechsel. Noch eine LdL-Variante dazu: Jede Kleingruppe überlegt sich für das jeweilige "Publikum" 1-2 Fragen. Die Antworten der einzelnen Fragen können zu einer vertieften Diskussion führen.

LdL-Kugellager: Wenn es die Größe der Lernergruppe erlaubt und sie durch 4 teilbar ist, bildet man einen Außenkreis und einen Innenkreis. 2 Lerner sitzen sich jeweils gegenüber. Jedes Paar erhält eine Nummer. Die ungeraden und geraden Nummern erhalten nun verschiedene Themen, die es schnell vorzubereiten und später an andere zu vermitteln gilt; die spätere Vermittlung soll mit einer Aktivierung des Zuhörers verbunden sein. Wenn die Paare nach einer vorgegebenen Zeit, den Stoff verinnerlicht und zur Vermittlung aufbereitet haben, rutschen die inneren Lerner einen Stuhl im Uhrzeigersinn weiter. Nun sitzen ein "ungerader" und ein "gerader" Lerner zusammen. Zuerst vermitteln die ungeraden Lerner ihren Stoff, dann die geraden Lerner den ihrigen.

Parcours/Stationen: Beim Parcours werden mehrere Stationen aufgebaut, an denen Kleingruppen für 5-10 Min. jeweils einer Aufgabe nachgehen; die Restzeit dient der Einleitung und (Nach-)Besprechung.

Quiz-Spirale: Es gibt (mindestens) 3 Teams und einen Moderator. Jedes Team soll sich 5 Fragen ausdenken. Dann stellt Team 1 die erste Frage. Wer von den anderen die Antwort weiß (auch nach Beratung im Team), meldet sich und darf die Antwort sagen, z.B. Team 2. Dann entscheidet Team 1, ob die Antwort von Team 2 richtig ist. Ist sie das, gibt es einen Punkt für Team 2. Ist die Antwort falsch und kann Team 1 die Begründung geben, gibt es einen Punkt für Team 1. Wenn auch die Lösung von Team 1 nicht richtig ist, gibt es für niemanden einen Punkt. Dann kommt Team 2 als Fragesteller dran. Danach Team 3 etc. So kann auch trainiert werden, Aufgaben und deren Musterlösung zu formulieren.

Indian Talking Stick: Es wird ein Problem benannt. Ein Stab oder ein ähnlicher Gegenstand symbolisiert das Rederecht. Eine Person A beginnt und gibt zum Problem eine Feststellung oder einen Lösungsvorschlag ab. A gibt den Stab an eine Person B ab, die erst zusammenfassen muss, was A gesagt hat. Wenn A sich verstanden fühlt, darf B ihre neue Aussage bzw. Lösung formulieren. Dabei sind alle gehalten, eine Lösung zu suchen, die besser ist, als jene, die man alleine hätte finden können; mit anderen Worten: es muss ein ständiger Bezug auf schon genannte Lösungsaspekte stattfinden.

Auktion: Es wird ein Auktionskatalog erstellt, der aus wahren und falschen Aussagen besteht. Die Lernenden werden in Teams aufgeteilt und erhalten eine Währung (z.B. Spielzeug-Goldmünzen). Jedes Team erhält eine Kopie der Auktionsliste. Es geht darum, möglichst viele richtige Aussagen zu ersteigern und dabei mit seinem Geld zu wirtschaften. Die Lehrkraft beginnt die Versteigerung, hält ein zügiges Tempo vor und verkauft Aussage für Aussage in nicht vorhersehbarer Reihenfolge. Immer wenn ein Team eine Aussage ersteigert hat, wird gemeinsam kurz überlegt, ob diese wahr oder falsch ist. Ist sie falsch, wird sie berichtigt, ohne allerdings zu viel Zeit darauf zu verwenden und den Ablauf des Spiels nicht über Gebühr zu beeinträchtigen. Tiefer gehende Erklärungen werden an das Spiel angeschlossen. Dasjenige Team, welches am Ende die meisten richtigen Aussagen erworben hat, gewinnt das Spiel.

Forschungsprojekte: Wichtig ist dabei eine klare Fragestellung oder Hypothese sowie, bei Teamarbeit, eine Aufgabenteilung. Als Lehrkraft lässt man sich am Besten frühzeitig eine Projektskizze geben, in der die

Frage/Hypothese formuliert, einschlägige Quellen genannt und die angedachte Methodik beschrieben sein soll. Dies schützt sowohl die Lerner als auch die Lehrkraft vor späteren Enttäuschungen. Die Ergebnisse werden vor der Lernergruppe oder einem allgemeinen Publikum präsentiert. (Denken Sie neben einer traditionellen Seminararbeit auch an moderne Publikationsformen wie eine Internet-Plattform, bei der die Studierenden auch die Hierarchisierung von Informationen besser üben können).

Portfolio: Die Leitprinzipien bei einem Portfolio sind Selbstreflexion, Auswahl und Progression. Dem Lerner sollte es also durch das Feedback der Lehrkraft möglich sein, seinen Fortschritt zu selbst gewählten Themen einschätzen zu können. Im Idealfall ist das Portfolio nicht mit einer Beurteilung der Qualität der Leistung versehen. Den Lernern soll sich ja die Chance bieten, gerade jene Aufgabentypen zu trainieren, in denen sie sich noch nicht wohl fühlen. Das Portfolio erlaubt ferner, Kompetenzen zu trainieren, die sich besser für das Leben außerhalb des Klassenraumdiskurses anbieten. Immer eingebaut sein sollte irgendeine direkte oder indirekte Einschätzung über die Entwicklung der Fähigkeiten im Laufe der Unterrichtswochen. Mögliche Aufgaben für ein Portfolio sind im nächsten Abschnitt genannt.

Aufgabentypen

Etliche der hier genannten Verfahren finden sich auch in anderen Werken; für einige haben wir LdL-Varianten geschaffen.

portfoliogeeignete Aufgaben:

- "Ich habe eines der Bücher aus der nicht-fachspezifischen Lektüreliste gelesen und auf etwa x Zeilen innovative Ideen zur Verknüpfung von Fachwissen und den Inhalten des Buches entwickelt. Eine Begründung für die Auswahl des Buches habe ich angegeben." (Dies fördert das kreative Querdenken).
- "Ich habe eine Rezension von ca. x Zeilen zu einem Fachbuch geschrieben – auch als Vorbereitung aufs Abschlussexamen. Eine Begründung für die Auswahl des Buches habe ich angegeben."

- “Ich habe in der (englischen oder deutschen) Wikipedia ca. x Zeilen zu einem bereits bestehendem Artikel (oder mehreren Artikeln) beigetragen oder einen neuen Artikel begonnen (Wikipedia-Artikel ausdrucken und Beitrag markieren).”
- “Ich habe eine Unterrichtseinheit von x Min. zu einem weiterführenden Thema meiner Wahl für eine Zielgruppe meiner Wahl konzipiert (mit Zeitschiene, Teilzielen/-inhalten, Methodik/Technik und Lehrmaterial).”
- “Ich habe für die Lerngruppe eine Probeklausur erstellt (mit Begründung zur Aufgabenauswahl, Erwartungshorizont und Beurteilungssystem).”

“Odd one out” / “Außenseiter”: Man gibt 4-5 Begriffe vor. Bis auf einen dieser Begriffe zeichnen sich alle durch ein gemeinsames Merkmal aus. Der eine ist herauszufinden und das Merkmal ist genau zu beschreiben. Es soll damit also Präzision im Ausdruck und Fachbegrifflichkeit geübt werden. Wird eine Hypothese genannt, sucht die restliche Gruppe diese zu falsifizieren. Falls die übrigen Lerner und die Lehrkraft dies nicht können, gilt die Beschreibung. Idealerweise gibt es mehr als eine Lösung, sodass Lerner sehen, dass man etwas mit unterschiedlichen Kategorisierungsprinzipien angehen kann.

Schnittmengen: Man nimmt mehrere Paare Fachbegriffe oder Namen, wobei die Beziehung zwischen erstem und zweitem Paar-Element stets die gleiche ist. Diese Beziehung sollen die Lerner herausfinden.

Kreative Schnittmengen: Man stellt (per Zufallswahl) ein Paar Fachbegriffe oder Namen zusammen und lässt eine Gemeinsamkeit zwischen den beiden dahinter liegenden Begriffen, Persönlichkeiten usw. erarbeiten. Die Schnittmenge kann naheliegend sein oder nicht, aber sie muss immer klar beschrieben sein.

Was ist Z?: Dies entspricht dem aus den USA bekannten Spiel Jeopardy. Man gibt die Definition bzw. Erläuterung zu einem Begriff vor, wie sie in einem Lexikon stehen könnte. Der Begriff selber wird nur als Z dargestellt. Die Lernergruppe muss den Begriff sagen. Dies eignet sich besonders gut, wenn der Begriff gerne mit einem anderen Begriff (entweder im Ausdruck oder im Inhalt) verwechselt wird. Besonders wenn inhaltliche Verwechslungen vorkommen, eignet sich dies, um die unterschiedlichen Inhalte nochmal präzise zu beschreiben.

Lückentexte: Lückentexte sollten so gestaltet sein, dass eine Auswahl an Möglichkeiten gegeben ist und die Auswahl über inhaltliches Nachdenken und nicht über formale Kriterien (Zahl der Buchstaben, grammatische Form o.Ä.) erfolgen muss. Die Auswahl kann gleich hinter der Lücke erfolgen.

Rund um Z: Lerner sollen zu einem Begriff Z eine Definition erstellen, die aus folgenden 5 Teilen besteht: (1) "Z ist eine Art ..., das die Eigenschaft ... hat", (2) "(Stereo-)typische Eigenschaften von Z sind ...", (3) "Beispiele für Z sind ...", (4) "Von ... wird Z (auch) ... genannt", (5) "Z kann man {herstellen/bestimmen}, indem man ..."

Tabu: Es werden Karten vorbereitet, auf dem 1 zu erklärender Fachbegriff steht sowie 3 bis 5 Begriffe, die in der Erklärung zu vermeiden sind (Tabu-Wörter). Unter den Tabu-Wörtern sollten sich Wörter finden, deren Nennung praktisch sofort das Erraten ermöglicht, ohne dass man wirklich erklären muss (z.B. ein typisches Beispiel, das man vorher im Unterricht behandelt hat). Andererseits böte es sich an, unter die Tabu-Wörter nichts aufnehmen, was man in der Erklärung gerne hören wollte. In sprachlichen Fächern mögen diese Zusatzprinzipien weniger wichtig sein, wenn das aktive Sprechen im Vordergrund stehen soll. Je nach konkretem Ziel kann man Gesten zulassen oder ausschließen.

Beschreibungs-Dalli-Klick: Im Original-Dalli-Klick musste ein Bildmotiv bei stückweiser Aufdeckung erraten werden; je weniger aufgedeckte Bildstücke man brauchte, desto mehr Punkte erhielt man. Das gleiche kann man mit Fachbegriffen und Namen tun. Man überlegt sich 3-5 Aussagen, die einen Begriff oder Namen umreißen, und liest diese schrittweise vor. Wichtig ist, dass die erste Aussage eine eindeutige Identifizierung ermöglicht, aber dafür Detailwissen oder fortgeschrittenes Wissen notwendig ist – eine Antwort soll nicht durch Raten, sondern durch Wissen gefunden werden. Die übrigen Aussagen brauchen für sich allein nicht mehr zur eindeutigen Identifizierung führen.

Ich-und-Es-Skizzen und Ich-und-Es-Skripte: Die Lehrkraft führt ins Thema ein und lässt dann eine Skizze erstellen. In der Mitte soll der

Lerner selbst stehen. Darum herum hält er in einem ersten Schritt in einer bestimmten Farbe mit Zeichnungen und Worten fest, inwiefern ihn das vorgestellte Thema bereits berührt. In einem zweiten Schritt vermerkt er mit einer weiteren Farbe, wie ihn das zukünftig berühren könnte (das kann gerade auch als Frage dargestellt werden). Als Hausaufgabe versucht jeder über eigene Recherche, welche Antworten für die Fragen und Vermutungen gefunden werden können. Seine Skizze präsentiert man dann im Unterricht. Daraus kann sich Nutzen für die anderen und Stoff für weitere Diskussion entwickeln. Ersatzweise kann man statt einer Skizze ein ausformuliertes Skript erstellen lassen. In der Tat wird es sich aus Zeitgründen als günstig erweisen, wenn man nur von einem Teil der Klasse Skizzen vorstellen lässt, von den anderen Skripten einreichen lässt, die man dann aber auch den anderen zur Verfügung stellt und die dazu Feedback geben können.

Es-und-Anderes-Skizzen und Es-und-Anderes-Skripte: Dies funktioniert ähnlich wie die Ich-und-Es-Skizzen und -Skripte, nur dass man den Bezug des Stoffes nun nicht in Bezug zu sich selbst setzt, sondern zu einem anderen Thema. Man kann etwa aus einer Liste von fachfremden Büchern auswählen lassen oder Assoziationen zum aktuellen politischen Geschehen erstellen lasen. Diese lässt man dann präsentieren. Daraus kann sich Stoff für weitere Diskussionen ergeben.

Denkstil-Runden: Bei kleineren Gruppen (bis zu 20 Personen) können 5 Teilnehmer als Moderator und Experten aus unterschiedlichen Branchen und gegebenenfalls ein "emotionaler Normalbürger" für eine Diskussionsrunde ausgewählt werden. Alternativ können die Diskussionsteilnehmer bestimmte Denkstile repräsentieren: (1) faktenorientiert (Positives und Negatives sehend), (2) intuitions- bzw. emotionsorientiert (Positives und Negatives sehend), (3) negativ denkend (fakten- und intuitionsbezogen), (4) positiv denkend. Jeder Diskussionsteilnehmer erhält zur Vorbereitung seiner Aufgabe/Rolle jeweils 2-3 Assistenten dazu. Es können freilich auch bestimmte Persönlichkeiten, die unterschiedliche Denkstile repräsentieren, für die Rollen gewählt werden. Für größere Gruppen kann das gleiche Prinzip angewandt werden; wer letztlich auf die Bühne kommt, kann aber dann durch Los bestimmt werden. Über Schilder oder Ähnliches sollten alle stets sehen können, wer welche Rolle spielt. Alternativ können sich die Vorbereitungsteams auch nur Slogans überlegen, die ihrem Denkstil entsprechen. Im Mittelpunkt der Methode steht eine Diskussion zu einem Thema mit einiger Relevanz und Aktualität. Die Slogans werden an der Tafel bzw. auf Folienschnipsel festgehalten. Die anderen Teilnehmer können als Zuschauer zwischendurch befragt werden oder um Abstimmung per Handzeichen zu einer Frage gebeten werden. Alternativ können die Zuschauer auch gebeten werden, den Akteuren auf einer Art Bewertungsbogen Feedback zu bestimmten rhetorischen Aspekten zu geben (z.B. non-verbales Verhalten, Qualität der Ausdrucksweise allgemein, Qualität der Ausdrucksweise mit Blick auf Fachbegriffe, Qualität der Argumente, Eingehen auf Moderator und andere Diskussionsteilnehmer).

Schreibstil-Runden: Ähnlich wie die Denkstil-Runden, nur dass geschriebene Texte unterschiedlicher Gattung zum gleichen Thema vorbereitet werden (z.B. formelreiche vs. formelarme Texte, bildreiche vs. bildarme Textgattungen, narrative vs. sachliche Texte). Lässt sich auch im Rahmen eines Portfolios integrieren.

Szenario: Die Lerner entwerfen ausgehend von der Gegenwart mögliche Zukunftsbilder. Als Grundlage dienen bekannte Fakten, Meinungsbilder und die eigene Phantasie. Die Szenarien sollen systematisch erarbeitet werden und Alternativen unter Beachtung der Entwicklung verschiedener Variablen berücksichtigen. Es sollen üblicherweise 3 Grundtypen von Szenarien erschaffen werden: (1) positives Extremszenario (günstige Zukunftsentwicklung), (2) negatives Extremszenario (ungünstige Zukunftsentwicklung), (3) Trendszenario (Fortschreibung der gegenwärtigen Situation in die Zukunft). Die Entwicklung von Szenarien fördert ganzheitliches Prozessdenken.

Improvisationstheater: Auf der Basis eines Stichworts oder (gleichzeitig oder hintereinander gezeigter) mehrerer Stichwörter oder eines Bildes oder (gleichzeitig oder hintereinander gezeigter) mehrerer Bilder soll der Lerner einen Vortrag zum gerade gelernten Thema halten.

Fachsketche/Fachwitze: Ähnlich zu Loriots berühmten "Steinlaus"-Sketch sollen die Lerner einen Sketch oder Witz zu einem Thema aus dem zu erarbeitenden Fachgebiet wählen.

Kreative Verse: Lerner erfinden einprägsame Sprichwörter, Reime oder Liedtexte. Solche Verse können sich sowohl auf deklaratives als auch auf prozedurales Wissen beziehen – und zwar direkt oder indirekt.

Experimente: Lerner führen kleine naturwissenschaftliche, sozialwissenschaftliche oder sonstige Experimente durch.

Partner-Korrektur: Die Lösungen eines Lerners werden von einem anderen Lerner korrigiert. Diesem kann zwar ein Erwartungshorizont beigelegt werden; die Aufgabe des Korrektors ist aber dennoch zu prüfen, ob die zu beurteilende Lösung auch richtig sein kann, selbst wenn sie nicht im Erwartungshorizont steht. Ist die vorliegende Lösung dies nicht, hat der Korrektor dies zu begründen.

Vorschlag für ein Schul- oder Hochschul-Seminar "ELITE-Kompetenzen"

Diese Idee beruht auf dem von Jean-Pol Martin entwickelten Konzept eines Kurses IPK (Internet- und Projektkompetenz). *ELITE-Kompetenzen* steht für *Europa-, Lern-, Internet-, Team- und Expertenkompetenzen.*

Was soll erreicht werden?
Der Kurs *ELITE-Kompetenzen* möchte Lerner mit den notwendigen Kompetenzen für die Zukunft ausstatten. Teilnehmer sollen

- ihr Wissen zum Thema "Europa und seine Sprachen" (inkl. Sprachpolitik) erweitern
- wissenschaftliche Forschung in diesem Bereich erleben und kritisch beobachten
- ein selbst gewähltes Projektthema mit Europa-Bezug formulieren und – auch im Team – durchführen
- Informationen sammeln, interpretieren und bewerten (insbesondere der kritische Umgang mit der umstrittenen Wikipedia und ihren Schwesterprojekten soll thematisiert werden)
- eine Forschungshomepage erstellen
- lernen, eigene Forschungsergebnisse als Experte allgemein verständlich und unterhaltsam darzustellen

- lernen, wissenschaftliche Ergebnisse in der Weltsprache Englisch zusammenzufassen

Wie soll das erreicht werden?

Woche	*Lernphasen*	*Methode*
1-8	Kennenlernen verschiedener Aspekte Europas und seiner Sprachen mit Einblick in aktuelle Forschungen	aktivierender Unterricht (deutsch und englisch) in der Gruppe, 4- bis 8-mal 90 Min.
9	Einführung in wissenschaftliche Methoden	aktivierender Unterricht in der Gruppe, 90 Min.
10	Einführung in den Umgang mit dem Internet, insbes. der Wikipedia; Einführung in die Gestaltung einer Homepage	aktivierender Unterricht in der Gruppe, 2 x 90 Min. + Einzelunterstützung per Internet
12	Wahl eines Projektthemas und Bildung eines Forschungsteams	Einzelunterstützung per Internet oder persönlich
13-15	Aufstellung einer Forschungsfrage; Suchen, Interpretieren, Bewerten von Informationen	Einzelunterstützung per Internet oder persönlich
16	Erstellung einer ersten Forschungshomepage mit Projekttagebuch	Einzelunterstützung persönlich oder per Internet
17	Aufstellung des Forschungsdesigns	Einzelunterstützung persönlich oder per Internet
18-23	Projektdurchführung	Einzelunterstützung persönlich oder per Internet; Workshop in der Gruppe, 120 Min.
24-28	Aufbereiten der Projektergebnisse auf der Forschungshomepage für ein allgemeines Publikum (z.B. auf Wikiversity)	Einzelunterstützung persönlich oder per Internet
29-34	Vorbereitung und Durchführung einer öffentl. Präsentation mit Zuschauerinteraktivität	Workshops in der Gruppe und Einzelunterstützung, öffentliche Veranstaltung

Literaturverzeichnis

Berendt, Brigitte / Wildt, Johannes / Szczyrba, Birgit (Hg.) (1994ff.), *Neues Handbuch Hochschullehre*, Stuttgart: Raabe.

Bertelsmann-Stiftung (2006), *Interkulturelle Kompetenz – Schlüsselkompetenz des 21. Jahrhunderts*, Gütersloh: Bertelsmann-Stiftung.

Bleicher, Knut / Berthel, Jürgen (Hg.) (2001), *Auf dem Weg in die Wissensgesellschaft: Veränderte Strategien, Strukturen, Kulturen*, Frankfurt: Frankfurter Allgemeine Buch.

Bligh, Donald (2000), *What's the Use of Lectures?*, San Francisco: Jossey-Bass.

Bruchmüller, Hans-Georg / Haug, Albert (1999), "Eine Brücke ins Berufsleben: Labordidaktik für Ingenieur-Studiengänge", in: Berendt/Wildt/Szczyrba 1994ff.: A2.16.

Brunner, Ilse / Häcker, Thomas / Winter, Felix (Hg.) (2006), *Das Handbuch Portfolioarbeit: Konzepte, Anregungen, Erfahrungen aus Schule und Lehrerbildung*, Seelze: Kallmeyer.

Clark, Herbert H. (1996), *Using Language*, Cambridge: Cambridge University Press.

Coffield, Frank u.a. (2004), *Learning Styles and Pedagogy in Post-16 Learning: A Systematic and Critical Review*, London: LSRC.

Coyle, Daniel (2009), *Die Talent-Lüge: Warum wir (fast) alles erreichen können*, Köln: Bastei Lübbe. (Orig.: *The Talent Code: Greatness Isn't Born. It's Grown. Here's How*, New York: Bantam Dell 2009).

Csikszentmihalyi, Mihalyi (1990), *Flow = The Psychology of Optimal Experience*, New York: Harper & Row.

Davis, Stan / Meyer, Christopher (1998), *Das Prinzip Unschärfe: Managen in Echtzeit – Neue Spielregeln, neue Märkte, neue Chancen in einer vernetzten Welt*, Wiesbaden: Gabler. [Orig.: *Blur: The Speed of Change in the Connected Economy*, Reading: Addison-Wesley 1998].

Dörner, Dietrich / Kreuzig, Heinz W. / Reither, Franz (1983), *Lohhausen: Vom Umgang mit Unbestimmtheit und Komplexität*, Bern etc.: Hans Huber.

Erlinger, Rainer (2011), *Moral: Wie man richtig gut lebt*, Frankfurt: S. Fischer.

Faltin, Günter (2008), *Kopf schlägt Kapital: Die ganz andere Art, ein Unternehmen zu gründen – Von der Lust, ein Entrepreneur zu sein*, München/Wien: Hanser.

Faltin, Inge / Faltin, Daniel (2011), *Schule versagt: Warum Bildung ein Glücksspiel ist und wie sich das ändern kann*, München: dtv.

Franck, Georg (1998), *Ökonomie der Aufmerksamkeit: Ein Entwurf*, München/ Wien: Hanser.

Frankl, Viktor E. (1946), *Man's Search for Meaning: An Introduction to Logotherapy*, Boston: Beacon.

Fuld, Werner (2004), *Die Bildungslüge: Warum wir weniger wissen und mehr verstehen müssen*, Berlin: Argon.

Gladwell, Malcolm (2009), *Überflieger: Warum manche Menschen erfolgreich sind – und andere nicht*, Frankfurt: Campus. (Orig.: *Outliers: The Story of Success*, New York: Little, Brown and Company 2008).

Glasersfeld, Ernst von (1983), *Wissen, Sprache und Wirklichkeit: Arbeiten zum radikalen Konstruktivismus*, Braunschweig: Vieweg.

Goeudevert, Daniel (2008), *Das Seerosen-Prinzip: Wie uns die Gier ruiniert*, Köln: DuMont.

Graef, Roland / Preller, Rolf-Dieter (Hg.) (1994), *Lernen durch Lehren*, Rimbach: Verlag im Wald.

Grzega, Joachim (2003), "LdL in universitären Kursen: Ein hochschuldidaktischer Weg zur Vorbereitung auf die Wissensgesellschaft", http://www.ldl.de/ LDL_ALT/material/berichte/uni/ldl.pdf.

Grzega, Joachim (2005a), "Lernen durch Lehren und Forschen: Bildungs-, lehr- und lernökonomischen Hinweise und Materialien", http://www.ldl.de/ LDL_ALT/material/berichte/uni/grzega2005.pdf.

Grzega, Joachim (2005b), "Learning by Teaching: The Didactic Model LdL in University Classes", http://www.ldl.de/LDL_ALT/material/berichte/uni/ldl-engl.pdf.

Grzega, Joachim (2006), *EuroLinguistischer Parcours: Kernwissen zur europäischen Sprachkultur*, Frankfurt (Main): IKO.

Grzega, Joachim (2008), "Lingua Franca English as a Way to Intercultural and Transcultural Competence: Basic Global English (BGE) and Other Concepts of English as a Lingua Franca", *Journal for EuroLinguistiX* 5: 134-161.

Grzega, Joachim (2009a), *Welcome, Global Players! Basic Global English (BGE) for Adult Learner Groups*, Bd. 1: *Deutsche Version*, Eichstätt: ASEcoLi .

Grzega, Joachim (2011), "Putting English for Global Communication into Teaching Practice: The Concept of Basic Global English (BGE) at Primary School", in: Busch-Lauer, Ines / Fiedler, Sabine (Hg.), *Sprachraum Europa – Alles Englisch oder ...?*, 107-141, Berlin: Frank & Timme.

Grzega, Joachim (2012a), *Europas Sprachen und Kulturen im Wandel der Zeit: Eine Entdeckungsreise*, Tübingen: Narr. [Erweiterung von Grzega 2006].

Grzega, Joachim (2012b), "Basic Global English (BGE) as a Quick Way to Global Communicative Competence—Empirical Results from Primary

School", in: Böttger, Heiner / Schlüter, Norbert (Hg.), *Tagungsband zur 3. Fachkonferenz zum Frühen Fremdsprachenlernen*, 131-141, München: DOMINO.
Grzega, Joachim [unter Mitwirkung von Marion Schöner und Katja Weber] (2009/2011a), *Hello World!*, 2 Bde., Eichstätt: ASEcoLi & Berlin: BoD.
Grzega, Joachim [unter Mitwirkung von Marion Schöner] (2009b), *How to Become the Perfect Intercultural Professor – Tricks and Bricks for Intercultural Academic Teaching in English (and Other Languages)*, Eichstätt: ASEcoLi 2009.
Grzega, Joachim / Guttenberger, Johannes / Grupe, Manuel (2009), "Lernen durch Lehren: Partizipation im Unterricht", *Lernende Schule* 46/47: 64-66.
Grzega, Joachim / Klüsener, Bea (2011), "Learning by Teaching through Polylogues: Training Communication as an Expert in Information and Knowledge Societies with LdL (Lernen durch Lehren)", *Fachsprache: International Journal of Specialized Communication* 33: 17-35.
Grzega, Joachim / Schöner, Marion (2007), "*Basic Global English* (*BGE*) as a Way for Children to Acquire Global Communicative Competence: Report on an Elementary School Project", *Journal for EuroLinguistiX* 4: 5-15.
Grzega, Joachim / Schöner, Marion (2008), "The Didactic Model *LdL (Lernen durch Lehren)* as a Way of Preparing Students for Communication in a Knowledge Society", *Journal of Education for Teaching* 43.3: 167-175.
Grzega, Joachim / Stenzenberger, Sandra (2011), "Teaching Adults Intercultural Communication Skills with Basic Global English (BGE)", *Journal for EuroLinguistiX* 8 (2011): 34-131.
Grzega, Joachim / Waldherr, Franz (2007), "Lernen durch Lehren (LdL) in technischen und anderen Fächern an Fachhochschulen: Ein Kochbuch", *Didaktiknachrichten (DiNa)* 11/2007: 1-17.
Häbel, Johannes / Kaminske, Volker (2009), "Lernen durch Lehren: Erfolgsmodell für ein besseres Sprachverständnis", *Praxis Geographie* 10/2009: 48-49.
Häcker, Thomas (2007), *Portfolio: ein Entwicklungsinstrument für selbstbestimmtes Lernen. Eine explorative Studie zur Arbeit mit Portfolios in der Sekundarstufe 1*, 2., überarb. Aufl., Baltmannsweiler: Schneider Verlag Hohengehren.
Händeler, Erik (2005), *Kondratieffs Welt: Wohlstand nach der Industriegesellschaft*, Moers: Brendow.
Harrison, Lawrence / Huntington, Samuel (Hg.) (2000), *Culture Matters: How Values Shape Human Progress*, New York: Basic Books. [dt. Fassung mit ausgewählten Artikeln: *Streit um Werte: Wie Kulturen den Fortschritt prägen*, Hamburg/Wien: Europa Verlag 2002].
Hartmann, Michael (2002), *Der Mythos von den Leistungseliten*, Frankfurt (Main): Campus.

Huber, Anne / Konrad, Klaus / Wahl, Diethelm (2001), "Lernen durch wechselseitiges Lehren", *Pädagogisches Handeln* 5.2: 33-46.
Hunfeld, Hans (2004), *Fremdheit als Lernimpuls: Skeptische Hermeneutik, Normalität des Fremden, Fremdsprache Literatur*, Meran: Alpha Beta.
Hüther, Gerald (2011), *Was wir sind und was wir sein könnten: Ein neurobiologischer Mutmacher*, Frankfurt (Main): S. Fischer.
Iberer, Ulrich (2010), "Das aktive Plenum: Neue didaktische Potenziale einer klassischen Sozialform", in: Berger/Grzega/Spannagel 2010: 87-94.
Jürgens, Eiko / Sacher, Werner (2008), *Leistungserziehung und Pädagogische Diagnostik in der Schule: Grundlagen und Anregungen für die Praxis*, Sankt Augustin: Akademia.
Kamenz, Uwe / Wehrle, Martin (2007), *Professor Untat: Was faul ist hinter den Hochschulkulissen*, Stuttgart: Econ.
Klippert, Heinz (2000), *Methoden-Training: Übungsbausteine für den Unterricht*, 11. Aufl., Weinheim/Basel: Beltz.
Köpke, Andreas (1994), "Jenseits von Lamento und modischem Geschrei: Neue Wege zum Umgang mit Massenveranstaltungen", in: Berendt/Wildt/Szczyrba 1994ff: A2.1.
Kratky, Michael (2007), *Ein neues Paradigma: Wissenskonstruktion und Wissensmanagement im Leistungskurs*, München: Grin.
Legutke, Michael (1988), *Lebendiger Englischunterricht: Kommunikative Aufgaben und Projekte für schüleraktiven Fremdsprachenunterricht*, Bochum: Ferdinand Kamp.
Leitner, Sebastian (1972), *So lernt man lernen: Der Weg zum Erfolg*, Freiburg i. Br.: Herder.
Malik, Fredmund (2000), *Führen Leisten Leben: Wirksames Management für eine neue Zeit*, Stuttgart/München: Deutsche Verlags-Anstalt.
Martin, Jean-Pol (1982), "Bedingungen für einen sozialintegrativen Fremdsprachenunterricht", *Der fremdsprachliche Unterricht* 1/1982: 61-64.
Martin, Jean-Pol (1985), *Zum Aufbau didaktischer Teilkompetenzen beim Schüler: Fremdsprachenunterricht auf der lerntheoretischen Basis des Informationsverarbeitungsansatzes*, Tübingen: Narr.
Martin, Jean-Pol (1986), "Für eine Übernahme von Lehrfunktionen durch Schüler", *Praxis des neusprachlichen Unterrichts* 4/1986: 395-403.
Martin, Jean-Pol (1988), "Schüler in komplexen Lernumwelten: Vorschlag eines kognitionspsychologisch fundierten Curriculums für den Fremdsprachenunterricht", *Praxis des neusprachlichen Unterrichts* 3/1988: 294-302.
Martin, Jean-Pol (1994), *Vorschlag eines anthropologisch begründeten Curriculums für den Fremdsprachenunterricht*, Tübingen: Narr.
Martin, Jean-Pol (1998a), "'Lernen durch Lehren' – eine Unterrichtsmethode zur Vorbereitung auf die Arbeitswelt", http://www.ldl.de/LDL_ALT/material/aufsatz/arbeitswelt.pdf

Martin, Jean-Pol (1998b), "Forschungshomepage – Homepageforschung", in: Piepho, Hans-Eberhard / Kubanek-Germann, Angelika (Hg.), *"I beg to differ" – Beiträge zum sperrigen interkulturellen Nachdenken über eine Welt in Frieden: Festschrift für Hans Hunfeld*, 205-213, München: iudicium.

Martin, Jean-Pol (1999), "Schulklasse als Betrieb: Zur Vorbereitung auf die Arbeitswelt in der gymnasialen Oberstufe", in: Hemmer, Ingrid / Selzer, Helmut M. (Hg.), *Für eine Schule der Zukunft: Fachdidaktische Beiträge*, 63-83, Dettelbach: Röll.

Martin, Jean-Pol (2002a), "'Weltverbesserungskompetenz' als Lernziel?", *Pädagogisches Handeln: Wissenschaft und Praxis im Dialog* 6,1: 71-76.

Martin, Jean-Pol (2002b), "Wissenscontainer: Online-Communities und kollektive Lernprozesse", in: Neveling, Christiane (Hg.), *Perspektiven für die zukünftige Fremdsprachendidaktik*, 89-102, Tübingen: Narr.

Martin, Jean-Pol (2005), "Komplexität reduzieren: Europakompetenz im IPK erwerben", in: Glaser, Brigitte / Schnackertz, Hermann Josef (Hg.), *Europa interdisziplinär: Probleme und Perspektiven heutiger Europastudien*, 61-74, Würzburg: Königshausen & Neumann.

Martin, Jean-Pol (2006), "Gemeinsam Wissen konstruieren – am Beispiel der Wikipedia", in: Klebl, Michael / Köck, Michael (Hg.), *Projekte und Perspektiven im Studium Digitale*, 157-164, Münster: LIT.

Maslow, Abraham H. (1954), *Motivation and Personality*, New York: Harper & Row.

Mathews, Ryan / Wacker, Watts (2002), *The Deviant's Advantage: How Fringe Ideas Create Mass Markets*, New York: Crown Business. [dt. *Bunte Hunde: Mit abseitigen Ideen zum Erfolg*, Hamburg: Europa Verlag 2003.]

Maturana, Humberto / Varela, Francisco (2010), *Der Baum der Erkenntnis: Die biologischen Wurzeln menschlichen Erkennens*, Frankfurt: Fischer.

McKeachie, William u.a. (1999), *Teaching Tips: Strategies, Research, and Theory for College and University Teachers*, Boston: Houghton Mifflin.

Meyer, Hilbert (2004), *Was ist guter Unterricht?*, Berlin: Cornelsen.

Opitz, Christian (2011), *Lernen wie ein Genie*, DVD, Augsburg: Jokers.

Paulus, Jochen (2005), "Brainstorming – ein beliebter Flop", *Bild der Wissenschaft* 1/2005: 38-39.

Perkins, David (2000), *Archimedes' Bathtub: The Art and Logic of Breakthrough Thinking*, New York/London: Norton. [dt. *Geistesblitze: Innovatives Denken lernen mit Archimedes, Einstein & Co.*, Frankfurt (Main): Campus 2001]

Piepho, Hans-Eberhard (1974), *Kommunikative Kompetenz als übergeordnetes Lernziel im Englischunterricht*, Dornburg-Frickhofen: Frankonius.

Rasfeld, Margret / Spiegel, Peter (2012), *EduAction – Wir machen Schule*, Hamburg: Murmann.

Reinmann-Rothmeier, Gabi / Mandl, Heinz (2000), *Individuelles Wissensmanagement: Strategien für den persönlichen Umgang mit Information und Wissen am Arbeitsplatz*, Bern etc.: Hans Huber.

Rifkin, Jeremy (2004), *The European Dream: How Europe's Vision of the Future Is Quietly Eclipsing the American Dream*, New York: Penguin.

Rosenberg, Marshall B. (2005), *Erziehung, die das Leben bereichert: Gewaltfreie Kommunikation im Schulalltag*, Paderborn: Junfermann. [Orig.: *Life-Enriching Education: Nonviolent Communication Helps Schools Improve Performance, Reduce Conflict, and Enhance Relationships*, Encinitas: PuddleDancer 2003].

Ryan, Richard M. / Deci, Edward L. (2000), "Self-Determination Theory and the Facilitation of Intrinsic Motivation, Social Development, and Well-Being", *American Psychologist* 55: 68-78.

Schelhaas, Christine (2003), *"Lernen durch Lehren" für einen produktions- und handlungsorientierten Fremdsprachenunterricht – Ein praktischer Leitfaden mit zahlreichen kreativen Unterrichtsideen und reichhaltiger Materialauswahl*, 2., verbess. Auflage, Marburg: Tectum.

Schiffler, Ludger (1980), *Interaktiver Fremdsprachenunterricht*, Stuttgart: Klett.

Schulz von Thun, Friedemann (1981-1998), *Miteinander reden*, 3 Bde., Rowohlt: Reinbek.

Solity, Jonathan (2008), *Michel Thomas Method – The Learning Revolution*, London: Hodder Education.

Spannagel, Christian (2010), "Das aktive Plenum in Mathematikvorlesungen", in: Berger/Grzega/Spannagel 2010: 97-104.

Spiegel, Peter (2005), *Faktor Mensch: Ein humanes Weltwirtschaftswunder ist möglich – Ein Report an die Global Marshall Plan Initiative*, Stuttgart: Horizonte.

Spiegel, Peter (2007), *Eine humane Weltwirtschaft: Erfolgsfaktor Mensch*, Düsseldorf: Patmos.

Spitzer, Manfred (2002), *Lernen: Gehirnschule und Schule des Lebens*, Heidelberg/Berlin: Spektrum/Akademie-Verlag.

Sprenger, Reinhard K. (1999), *Mythos Motivation: Wege aus einer Sackgasse*, Frankfurt (Main)/New York: Campus.

Stary, Joachim (2006), "'Doch nicht durch Worte allein...': Die mündliche Prüfung", in: Berendt/Wildt/Szczyrba 1994ff.: H2.1.

Stock, Johannes u.a. (1998), *Delphi-Befragung 1996/1998 "Potenziale und Dimensionen der Wissensgesellschaft – Auswirkungen auf Bildungsprozesse und Bildungsstrukturen"*, Basel: Bundesministerium für Bildung, Wissenschaft, Forschung und Technologie.

Syed, Mathew (2010), *Was heißt schon Talent? Mozart, Beckham, Federer und das Geheimnis von Spitzenleistungen*, München: Riemann. [Orig. *Bounce:*

Mozart, Federer, Picasso, Beckham, and the Science of Success, New York: Harper 2010].

Teuchert-Noodt, Gertraud u.a. (2003), *Lernen durch Lehren: Physiologische Grundlagen des Lernens*, Göttingen: IWF.

Vester, Frederic (1978), *Denken, Lernen, Vergessen: Was geht in unserem Kopf vor, wie lernt das Gehirn, und wann lässt es uns im Stich*, München: dtv.

Wahl, Diethelm (2001), *Lernumgebungen erfolgreich gestalten: Vom trägen Wissen zum kompetenten Handeln*, 2., erw. Auflage, Bad Heilbrunn: Klinckhardt.

Watzlawick, Paul (1983), *Anleitung zum Unglücklichsein*, München: Piper.

Epilog

Wir hoffen, dass wir Ihnen *Lernen durch Lehren* als ein attraktives Angebot für eine große Zahl von Lernumgebungen schmackhaft machen konnten. Besuchen Sie uns einfach über unsere Webseite

`http://www.ldl.de`

Dort finden Sie auch weitere Materialien sowie die Möglichkeit, unseren Newsletter zu abonnieren.

Gerne bieten wir auch entsprechende Fortbildungen (als Vorträge oder Workshops) oder die Durchführung des am Ende des letzten Kapitels genannten Seminars "ELITE-Kompetenzen" an. Kontaktieren Sie uns gerne.

Wir freuen uns auf weitere 30 Jahre LdL!

Impressum

Druck und Verlag: epubli GmbH, Berlin,
www.epubli.de
ISBN 978-3-8442-3783-2

27411782R00090

Printed in Poland
by Amazon Fulfillment
Poland Sp. z o.o., Wrocław